大展好書　好書大展
品嘗好書　冠群可期

大展好書　好書大展
品嘗好書　冠群可期

心靈雅集
56

金剛經的生活智慧

劉欣如／著

大展出版社有限公司
DAH-JAAN PUBLISHING CO., LTD.

緣起

不論做什麼事都有因緣，我寫『金剛經的生活智慧』亦不例外。『金剛經』是我早年喜歡受持的重要經典之一，而我下決心動筆卻基於以下的因素。

好幾年前，我讀完紐約沈家楨居士的『金剛經研究』，受到很大的感動，也起過很大的共鳴。之後就經常誦讀，而每次誦讀都有一種新的領悟——它對於「心」的闡述太精彩了。

學佛的人嘴上常掛著修行！修行！其實就是修心。所有行為都因為心動而起，例如言語舉止亦不外心態的反映。心有所思，便說出什麼話，表現什麼樣子，一點兒也不離譜。所謂「無心反映」，恐怕只有睡眠呼吸、吃喝拉撒幾種本能，而其他都以心意識為原動力，也就是有思想的行為。既然如此，只要起心動念合乎常規，那麼，人便能循規蹈矩，行住坐臥不出亂子。

『金剛經』對於心的本質，和修心的秘訣，都解說很透徹、很詳盡，比起任何一部心理學書都要高明，而這一點也引起我極大的興趣，因為我讀過多年心理學，包括社會心理學、病態心理學和心理分析測驗等，反而覺得不如『金剛經』談得那樣深入。所以，在我精進和誦讀之餘，總想將自己的體驗公開出來，讓大家分享。

洛杉磯菩提寺的照初法師很慈悲，允許我邀請加州大學黃禪昀教授每週日到寺裡來講經。記得我第一次問黃教授：「你打算先講那部經呢？」

「金剛經。」黃教授毫不遲疑地回答。

「有理由嗎？」我問。

「有。」黃教授答得很乾脆，接著又說：

「我是研究地球科學，非常明白高山上的貝殼，不是牠自己會爬上去，而是很多年、很多年以前，地球發生變動，所謂滄海桑田、陸地變海洋、深海變山峰，這些現象印證了成、住、壞、空的因緣，跟『金剛經』強調因緣無常，緣起性空完全一樣，使我非常有興趣。我對『金剛經』持誦少說有十年，至今每天早課也誦讀一遍，每一遍費時八分鐘，我對它的心得和體驗特別深刻，所以，我要先講這部經……。」

黃教授滔滔不絕吐露了講『金剛經』的因緣，我也為之雀躍。果然，在以後每星期天都來菩提寺講兩個時辰，前後講了兩個月。信衆以東南亞的華僑最多，先用國語講，再經一位李姓佛友譯成越南話，不但內容充實，井然有序，黃教授還自繪一套豐富、彩色的圖片來輔助說明，也許我孤陋寡聞，以為這是首開「圖表講經」的好榜樣，會讓佛友們的興趣更濃。說真的，這是我頭一次目睹那麼多精心繪製的『金剛經』圖示內容，所以非常動容，也非常讚嘆黃教授的熱心。

去年底，我寫完『六祖的生活智慧』，非常清楚六祖惠能所以會上黃梅山學佛，也是先在客棧乍聞『金剛經』開悟，有了這個因緣才去皈依五祖弘忍。待他得到了衣缽，逃往南方宏法，留下一部膾炙人口的壇經，它的精髓亦不離『金剛經』。難怪有人讚嘆『六祖壇經』豐富了『金剛經』，他把『金剛經』講活了。可見兩部經一氣呵成，緊緊相隨。

這一來，我也當然要再寫『金剛經』的生活智慧，敘述自己的受持和體驗。奈因我才疏學淺，修行不足，談不上什麼研究，只想拋磚引玉，讓初學佛的人分享，也想接引沒有半點兒佛教觀念的人進來佛門。

不久前，洛城各大寺廟和佛教團體紛紛提供一本精裝，厚達幾百頁的『金剛經』，乍讀下，我有些感觸，發現那些內容全是古代人的體驗，也都很神奇，而我的體驗卻不一樣，不妨讓佛友們多一種參考和分享，也是好事一椿。

恕我再說一遍，凡事都有因果，只要因緣成熟，就彷彿水到渠成，最後一定會成功。拙作能夠出版，也是以上這些因緣促成，我十分歡喜，也十分榮幸。

一九九六、十

劉欣如寫於洛杉磯
美國佛教宏法中心

目錄

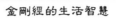

宿世佛緣

『金剛經』說：「那時佛住在舍衛城的給孤獨園，跟大比丘等，共有一千二百五十人聚集在一起。」

四十年前，我剛進新竹師範，開學那天全校同學站在操場，我無意間環視了一眼，哇！好多同學！心想總共多少人呢？後來打聽的結果，還不到六百位……。從那時起，我便很清楚地知道六百人聚集一起，場面和聲勢也夠壯觀，若能齊聚共識，發揮潛力，更不可忽視。以後服兵役，又常聽長官們說，一營一連等幾百人的小單位，也能發揮驚人的戰鬥力，得到輝煌戰果。而今乍讀佛陀率領一千二百五十位大比丘，便使我立刻想到比六百位同學多出一倍的場面，聲勢也更可觀了。但是，大家居然肯齊聚一起，前呼後擁著佛陀，由衷地敬愛自己的師尊。誠如經上說：

「須菩提長老從座中起立，偏袒右肩，右膝著地，合掌恭敬向佛說……。」

這是十足的恭敬心與誠懇的禮貌表現。

有一次，一位國王參觀僧團集會，會開到夜晚，滿月升到中天的時候，國王終於忍不住地說：

「佛陀有什麼戲法吧！一千兩百五十位同修們，這樣一個龐大的僧團集會，怎會聲息全無，聽不到一個噴嚏，一聲咳嗽呢？」他目睹比丘們端坐著，彷佛一片清澈的湖面，又說：「但願我的兒子也能獲得這一份寧靜。」

顯然，指揮這樣日漸龐大的僧團，可以證明佛陀的領袖魅力和指導才能。從這裡我得到幾項啓發，即爲什麼有那麼多人擁戴佛陀？跟隨著他會得到好處嗎？對社會和別人的影響怎樣呢？

這些問題值得學佛的人深思玩味，也是讀經的法喜來源。

我熟讀好幾百篇佛經故事，不外因緣果報連貫三世，自己今生的父母兄弟和師友親人，都是前世的某種關係人，有時報恩，有時報怨，因緣成熟才會今世重逢，結爲父子、母女、兄弟、朋友、師生……或惡或善，全看前生怎麼結？今生就怎麼了？因此，佛陀身邊也有一千二百五十位大比丘，何嘗不是前世或前幾世跟佛陀結下的功德善根，才能在今世成就師生緣和殊勝的佛緣，而絕不會突然或偶然的聚集；別說佛陀與他們有緣才相會聚，連佛陀自己爲何不出生在中國、日本或歐洲，而偏偏出身到印度釋迦族，貴爲王子，然後出家證悟等一連串過程，也有不可思議的因緣，答案亦可從『本生經』找到若干蛛絲馬跡。

其次，不妨概略地回顧一下佛教僧團史。那是佛陀在菩提樹下開悟後，先去鹿野苑度五位比丘，並在那兒過第一次夏安居，那也是僧團的萌芽。不久，有富樓那、善博、離垢等幾位優秀青年出家，參與僧團，紛紛證得阿羅漢果，便有了五十六位僧眾。接著，聞風來皈依和出家者，與日俱增，跟著共修和社會教化……。

雖然，僧眾出身很複雜，幸好心地都很純潔，過著融洽的和樂生活。他們都以佛陀爲信仰中心，彼此無主從關係，誰也不支配誰，佛陀也不以領袖自居，既不獨裁，也不享受特殊待遇，面對不同族姓、不同出身的徒眾，不會厚彼薄此，徒眾都敬仰佛陀的一言一行，並能信受奉行。這時，僧團沒有特別規律，只提示「法味同受，財利共享」的原則，所以，有人稱他們爲一味同心的團體。

到了僧眾一多，爲了僧團的和合，和「正法久住」，才開始以法攝僧，並以六和敬爲本，這樣才能相處融洽，大家除了自己精進修證，還要努力教化活動。當時，佛陀注意大家理念統一、經濟均衡、行爲純正，先確立見和、戒和與利和的原則，才會有平等、和諧與民主的團結，負起住持佛法的責任。

僧團最根本的原則，就是大家要守戒律，才不會混亂崩潰。有了安定與嚴密組織的僧團，才能安心學佛，道業也能精進。有誰犯了戒律，就得接受有力的制裁，如不心悅誠服，很可能被逐出僧團。於是，他們先得有高度的慚愧心，所謂「有慚愧者得安穩住持」，這樣才不會違反戒律。

總之，佛陀率領徒衆到處宏法，不在佛理高超，而在於僧衆的德行卓越，才令世人對佛法另眼相看。佛陀以律法攝受僧衆，把住持佛法的責任交給他們，僧團可說是佛法久住的重要關鍵，所以，三者鼎立稱爲「三寶」。

環視台灣佛光山、法鼓山、靈鷲山、元亨寺……等，不但擁有許多年輕優秀的僧衆，也有良好的組織，這也是殊勝佛緣。誠如六祖惠能大師說：「今日得與使君官僚尼僧道俗同在一會，莫非累劫之緣，亦是過去生中供養諸佛，同種善根，方始得聞如上頓教得法之因。」而今這群善知識都很精進自己的道業，追求究竟解脫，也紛紛在國內外建立道場，希望佛法久住各地的人間。

雖然，時代不同了，僧團和諧的生活也照樣要傳承，若要適應環境，獲得世人的正確認識，僧衆得有卓越的德行，活用善巧方便，計劃因緣，主動出擊，同時牢記當年佛陀派遣徒衆出外宏法時，再三教誡說：「你們出去遊歷教化，要大慈大悲度衆生出離苦海，若遇有人反對或嘲笑，別跟他們計較，要同情他們的無知，耐心說服，不要因人們難化，便失去傳教的初心。」

龐大的佛陀僧團化他不忘自修，自修亦不忘化他。這可做現代僧伽們的修持指針。

修行不離行住坐臥

經上說：「……佛陀到了應當吃飯時間，便穿起袈裟，拿著乞食的鐵鉢，走進舍衛大城裡，按次序一家又一家行乞完畢，就回到原來住處。吃完了飯，收起衣鉢，洗完腳，鋪好座位坐下來。」

我學佛不久，乍聞『金剛經』是一部大經，誦持它有很大功德，殊不知一讀到這段話我便很納悶。心想：「佛經何等尊貴，應該記載甚深微妙法，怎麼連這樣細節也要記述，豈非自貶身價，太囉嗦了吧！」後來，直到我讀完幾本註解，經過反覆思考，才恍然知道它有幾點不尋常的暗示，原來也是佛教修行的準則。

這些詮釋指出：

佛教離不開人群，有人說，佛教出家人不食人間煙火，意指他們活在人外的世界，不問世間的一切事務……。其實這是不對的，可見釋尊親率一群弟子進城乞食，也要吃飯養育色身，維持新陳代謝的生理機能，幸好當時印度人很尊敬真正的修行僧，理解他們很專心在找尋人生的解脫，才肯自願自動去供養，若非這樣，僧伽們怎能活得下去？就常識上說，苦行僧仰賴居民們的衣食供養，就要有所回饋，把自己修持和覺悟的心得教導他們，維持善意的來往和溝通，正是社會的良性互動，值得學佛的人警惕。

記得十幾年前，皇冠雜誌有一篇文章透露，國內一位李姓譯作家，十分嫌惡社會的險惡，就偕同愛侶遠離台北市，跑到花蓮縣海濱搭建草屋，過著非常簡樸的隱居生活，偶而才會走路一個時辰到街上採購柴米油鹽，或到郵局掛號寄稿子。乍讀下，有人同情他們，也有人敬佩他們，孤芳自賞，有思想、又有品德，好像整個社會對不起他，忍心把他們拋棄。

其實，聽在學佛人的耳朵裡，倒不是社會對不起他們，或群衆要拋棄他們。毋寧說，他們不能適應現實，精神有問題，心理有疾病，而且有些愚癡徵候。不說人生最起碼的柴米油鹽和日常用品必須仰賴別人，連外界資訊的連繫也不能中斷，否則，貪瞋癡的煩惱要靠智慧斬斷，不是不理人，或孤芳自賞就能跳出人生苦海。惠能大師有一句膾炙人口的開示是：

「佛法在人間，不離世間覺；離世求菩提，猶如覓兔角。」

星雲大師也經常教示徒衆說：

「没有入世的事業，和人間實際的生活脫了節，假如天天高呼出世的口號，國家不愛、父母不孝、族友不親，這樣就能容存於天地社會之間嗎……所以，佛光人必然是先有入世的事業，之後再求出世的依歸。」

成佛作祖要在娑婆世間，完成偉大人格也得在現實裡，佛陀的人間佛教是這樣解釋。人不能離群索居，效法魯濱遜漂流記的生活。

其次是平等心，不論古今中外，所有城鎮居民都有貧富不同，地位高低與職業貴賤，甚至差別很懸殊，而世人也都習慣狗眼看人低，趨炎附勢，古印度社會亦不例外。若出家人只向富貴家庭行乞，所得一定可觀，所謂豐收或滿載而歸，也不在話下，結果誰也不去窮人與卑賤家庭乞食，不但所得甚微，也許還會遭人白眼、譏笑，敗興而歸不無可能。果真如此，那是有選擇的行乞，一肚子分別心會違背佛教的精諦。

但是，佛陀到舍衛城挨家挨户行乞，没有分別，没有歧視，貧富貴賤都一樣，乞得什麽，就吃什麽，没有怨言和嫌棄。尤其可貴的是，他身爲師尊，亦不會蹺起二郎腿坐在精舍裡，等著徒衆乞食回來分享，凡事自己動手收拾，不視徒衆爲僕傭，再再都是平等心的表現。

我想起十年前首次拜訪洛杉磯西來寺，適逢星雲大師忙著要接見加州副州務卿余江月桂，及一群華裔名流，在走廊上匆匆走動。不料，突見兩名打扮很不起眼的中年婦人，走前來央求跟大師拍照留念。當時我也在場，忍不住納悶她們太冒失，怎麼選在此時此刻來打擾大師呢？也不想想自己什麼身份。

誰知大師二話不說，反而親切微笑地停住腳步，一連跟她們找背景取鏡頭，浪費足足一刻鐘。我看了十分感動，非常佩服大師要接見貴賓之際，仍然不忽視旁邊的卑微婦女，不也是平等心的修持見證？

再說釋尊出身王室，貴爲王子，家裡財富何其多耶，但他卻偏偏不去受用，反而來異國行乞，不明佛理的人懷疑他何苦這樣呢？同理，有一天傍晚，我剛從台北車站前面的天橋走下時，也目睹一位年輕比丘站在橋尾下托鉢化緣，成群的人們走過，我的耳邊聽到一名女行人在嘀咕：

「現在寺廟那一家沒有錢，怎麼還在向人化緣呢？」没錯，而今佛教的硬體規模都美侖美奐，所有出家人都不愁衣食，可以專心在廟裡修行持咒，殊不知托鉢化緣可以給人機會種福田、積功德，而這也是修行之一啊！

花蓮的證嚴法師辦慈濟，爲了籌建醫院，需要相當龐大的基金，雖然不乏國內外的善心富豪、官吏們紛紛響應，捐出十萬元、百萬元巨款，殊不知她也收下成千上萬中低階層和幼童們的小額，而絕無不收小錢、只要大錢的分別心，一直慈悲與平等對待老弱貧富，旨在滿足他們的參與感，給他們有機會種福田……。

我們清楚發現佛陀平日行乞的情節，多麼有前後秩序，生活細節也有衛生習慣，而不像有些苦行人不修邊幅，甚至放浪形骸，讓人起噁心。有道是「大道原本在低處」，「萬丈高樓低處起」，再高深的修持造詣，再偉大的成就，也有良好的起步——行住坐臥，吃飯睡覺，而不是開口閉口高深理論，只會耍嘴皮子。

總之，生活即修行，修行也是生活。

阿耨多羅三藐三菩提心

『金剛經』說：「善男子、善女人應該發起阿耨多羅三藐三菩提心，應該這樣安住下來，不要退轉。」

這又叫無上菩提心，無上道心或覺意。學佛的人正是要求這種無上菩提之心，這種心遠比基督教的博愛心殊勝多了，問題是極難發起，除非有各種因緣。根據『菩薩地持經』記載，發菩提心有四種因緣，它叫做增上緣，嚮往佛的大智而發心。現在，不妨看看這四種增上緣：

㈠、見聞諸佛菩薩不可思議的神通變化。
㈡、雖然沒有見到神通，但愛聞和談論菩薩藏及菩提。
㈢、雖然不聞法，自見法滅，就會護持正法。
㈣、不見法滅之相，但見濁世衆生爲煩惱所擾，也會發菩提心。

『大日經』說，菩提心是「如實知自心」，可不是佛菩薩給的，而是本來俱有的自性清淨心。可惜，大家因爲活在娑婆世間，貪瞋癡三毒大熾烈，那種自性本清淨的心才不起作用。所以，只要設法讓它起來，常住不退轉，就能成佛作祖了。

現代高僧淨空法師經常來洛杉磯宏法，有一次，他也提到菩提心：「發大心就是發菩提心，上求佛道，下化衆生。華嚴經光明覺品就是教人發大心。不發菩提心不但道業不能成就，聽經也不易了解；若發了菩提心，當下就是大菩薩，菩提心與經中意旨相合，自然大經大論都容易懂了……唯有敬信才能發菩提心，發菩提心之後要學菩薩行，以菩薩行作爲我們的榜樣。」

可見菩提心是所有宏大誓願的開始，一切諸佛的種子、淨法長養的良田，對學佛的人太重要了。發了菩提心，之後要落實才重要，等於在泥土上播種子，開花結果才算數。『大寶積經』記載釋尊當年住在王舍城的竹園精舍，特地爲一群弟子講菩薩行、多聞、不退、善根與神通的道理。

當時，會中長老目犍連請教釋尊怎樣修持大悲心與大願心？因爲這跟菩提心連成一體，也是菩提心的左右手。這時，釋尊談起自己前世修菩薩行的經過，讓目犍連等徒衆聽了，幾乎驚得發暈，對釋尊落實菩提心的情節，更加敬佩。其中有一段教示十分感人，釋尊說：

「在我做菩薩時期，爲了要讓衆生步入正途，即使被他們惡言惡語，甚至要拿刀、杖、瓦、石來危害我的身體，我也不會起憤怒與憎惡；即使受到迫害，也絕對不中途懊悔，而停止自己的大願，因爲愚癡的衆生對自己的惡業莫名其妙。倘若我對他們起了憤怒或憎恨，那跟他們有什麼不同？我常常自言自語，要像大地一樣，平等承受地面所有的好壞……。」

環視現實，國內落實菩提的風範，例如證嚴法師、星雲大師、聖嚴法師……等人都值得學佛的人頂禮護持。發了菩提心還可以洗滌前世的惡業，倘若没機會實現宏願，下輩子也會投生到一個美好地方。

讀到這裡，剛學佛的人也許誤會菩提心即使每個人都與生俱有，但也實在太難發起，怎能像佛陀當菩薩階段那樣發心呢？世間有幾位證嚴、星雲和聖嚴等大德呢？有道是：「非不能也，不爲也」，不怕起步慢，只怕不起步，發菩提心不在乎年紀大小，知識有多少，或財富、地位、權勢、聲望……有多大？當下發菩提心，便是大菩薩。例如『慈濟心燈』上說：

一位七十歲的老人，每天一大早便起來打掃住家附近的環境，讓大家看了都歡喜。一天，幾位小學生問他今年幾歲啦？他答說今年四歲，小學生們以爲聽錯了，再問他一次，他還是說四歲。小學生們楞住懷疑說：「你今年是七十四歲？還是八十四歲？」

不料，老年人答說：「論實際年歲我是七十四歲，若論真正的做人，我卻只有四歲。」

小學生們問他：「怎麽説呢？」

老年人說：「我在七十歲以前，糊裡糊塗過日子，不識道理，只是極平凡的衆生之一，但從我聽了道理之後，至今四年，才懂得要爲人群服務，深深感覺自己真正在做人，所以説我只有四歲。」

哇！他是一位菩提心資歷尚淺的老菩薩，但也是一位真菩薩，只要天假以年，讓他再活二十年，肯定他有更輝煌、更感人的菩薩行。

只要俱足增上緣，發了菩提心，倒不一定要在自己的周圍落實菩提行，最明顯的例子，就是前一陣子，李登輝總統頒獎給幾位醫療奉獻有特殊功績的人，他們奉獻畢生心力在醫療事業，上山下海，在貧脊、偏遠和離島地區，默默爲病患服務，最感人的是，其中半數竟然是外籍傳教士，例如年紀最大的匈牙利神父有八十四歲，很早年就在中國大陸開辦醫院，收容智障和貧苦病患，爲中國人獻出大愛，樂此不疲，縱然他不懂佛理，甚至站在佛教徒的眼光來看，也是標準外道，無如，他没有機緣學佛，卻真正落實了佛教最徹底的菩薩行，難道他一生捨己爲人的奉獻不是菩提心的詮釋嗎?菩提心不是用來説説，或作作文章，而是做不做?真做或假做?明眼人一看即知，誠如日本步兵操典有一句話：「一百條理論，不如一個實踐。」

同理，喊一百次「發菩提心」，不如做幾次菩提行吧！

降伏什麼心呢？

「若有善男信女們要發起無上正等正覺的道心，那麼，這個道心應常住在哪裡才不會退失，請問用什麼方法才可以降伏其心呢？」

人心不可捉摸，也會瞬息萬變，目睹多彩多姿，千奇百怪的世間事象，凡人都會眼花撩亂，十分動心。人除了身體和嘴巴會造出善惡業，心意識也會造業。無奈，後者造業不凸顯，本人懂得僞裝、狡辯，別人很難知曉。明明滿肚子男盜女娼、陰陽怪氣，卻偏偏表現一副善人狀。尤其，心若造惡業，起了歪念頭，就很難控制，很難防範。『法句經』上說：

「動搖的、輕躁的心，難防護，也難抑制；

智者實行正直，彷彿矢師矯正箭道。」（三三）

「心不安定，不知正確的真理，信仰動搖，不能完成智慧。」（三八）

因爲心的本質如此，難怪基隆無心道場的心道法師說：「修行，修行，其實就是修心。」但是，心有很多種類，有些不僅要認真地修持，還得努力降伏和矯正，那是顛倒心、虛妄心、傲慢心、貪婪心、執著心、瞋恚心、慳心……等。

例如讀『西遊記』時，孫悟空大鬧天宮，向如來佛祖妄言：「玉帝輪流做，今年到我家。」不料，被佛祖壓在五行山下，折磨五百年，經過徹底反省，才降伏自己的虛妄心、傲慢心、貪婪心和瞋恚心。之後才心甘情願協助唐僧去西天取經，成就了正果。

『六度集經』談到一名老修鞋匠妄想當國王，某日，被便衣出巡的國王知悉，便給他喝幾杯甘露葡萄酒，趁他大醉送進王宮龍床上，他醒來自以爲當了國王，就擺起架子跟大臣討論政務，結果什麼都不懂，苦不堪言……。可見人不要顛倒妄想，想幹自己不能勝任的事；更不必羨慕別人，到處攀緣。所以，他要好好降伏虛妄心、貪婪心和癡心。

我在洛城一家汽車旅館幹經理時，一位吳姓老板爲了强化生意，不時央求附近的教會、福利機構和慈善團體送一批流浪漢來住宿，果然常常如願，每逢淡季來臨，那些團體都有不少預算，會安排窮人和流浪者到各大旅館居住。因此，我這家旅館每年都受益很多，也跟那些機構保持極好的關係。誰知有一天那些機構的預算用完，央求這位吳老板出些錢回饋，做一些善事，吳老板卻斷然拒絕，一毛錢也不肯捐。我想他雖然很聰明，來美國留學成績也出衆，卻有如此强烈的慳心，寡恩刻薄，實在需要降伏自己的貪慳心和吝嗇心，努力培養喜捨心才對。

三十多年前，我還在新竹縣當小學教師，耳聞好幾位很能幹的中小學校長，打從心裡敬仰他們。誰知那年爆出貪污案，他們假公濟私，收了不少廠商的錢，我十分嘆息，他們平日滿口仁義道德，卻滿懷餓鬼心、貪婪心。希望他們刑滿出獄後，在懊悔反省之餘，也應設法降伏自己的歪心與妄心。

平時常聽「亮瑜情結」和「酸葡萄心理」，殊不知這是凡人最易犯的猜忌心或嫉妒心，更是人生煩惱的根源，幾乎跟貪、瞋、癡三毒一樣，令人難得自在。

紐約的沈家楨大德有「現代維摩」之稱，他誦持『金剛經』的功德非比尋常。依他的高見，人的忘想心根本出在一個「我」字，而這個「我」，就是一切「我所有」，如失去「我」的某些東西，便會心理不平衡，言行立刻失常。

走筆至此，乍讀近日報載國內某政黨一群知名人士，口口聲聲怒斥誰不是「正統」，而是什麼「賊」，這是否顯示他因爲失去昔日的「我」所有，所表現的嫉妒與不甘呢？若是，就得努力降伏自己的妄想與顛倒心才好。

那麼，人要怎樣降伏諸種邪念妄心呢？那只有依靠智慧，而智慧來自完全的定力。培養定力的秘訣，不外守戒而已，所謂戒定慧三學，才能孕育不著相的清淨心與無上正等正覺心。

我讀過不少中、日文的佛書，和大德的開示記錄，發現佛陀傳有一段極生動的描寫，起初還看不太懂，反覆讀了幾本註釋，始知那是佛陀證悟前夕的心境變化，也正是悉達多王子經過六年苦行，最後在菩提樹下打坐，努力抵抗和反擊魔軍的情節。

換句話說，當時的悉達多王子尚未證悟，定力由淺漸深，其間遇到各種不同的心魔，有些媚態百出，甜言蜜語；有些兇猛恐怖，來勢洶洶；有些竭盡威脅利誘之能事，而有些百般狡猾欺詐……其目的都想破壞王子的求道心，幸好他在法座上抱著勇往直前的堅定意志，發誓：「我今若不證，無上大菩提，寧可碎是身，絕不起此座。」

結果，總算以無比功德的威力，不禁讓心境像湛然不動的清水，絲毫不爲所動，反能一舉擊退所有魔軍，放大光明，讓對方畏懼之餘，四下逃散。最後，內心才進入四禪定，得到宿命通、天眼通等，成就佛道了。

這段情節就是釋尊降伏各種幻想妄念的輝煌記錄，也是學佛人最好的楷範，凡夫成佛，有例可證，決不是無的放矢。

若有誰說沒有妄想顛倒和傲慢猜忌，則是不實之言，但有了也不要緊，貴在有堅定意志去降伏，用智力去摧毀，便是落實佛陀的教示。

有那些芸芸衆生？

「所有的衆生有十類：如卵生、胎生、濕生、化生、有色、無色、有想、無想、非有想、非無想，我都要度他們超脫輪迴，進入不生不死的清淨境界。」

近日讀完兩件科學的實驗報導，並把它跟佛理一起思考，使我吃驚極了。這兩件科學資訊是：

美國加州大學生物學巴斯德教授實驗後指出：「植物也有情感反應。」當人對植物怒斥時，植物會有一連串慌張的波浪現在儀器上，而這些波浪會隨人的喜怒起不同的反應。若依佛理來說，足可證明有生命便有情份，亦有識性，不可等閒。

另一件是德國生化學家菲法艾博士的實驗，他用高度顯微鏡仔細觀察到細菌有判斷力和分別心，也許是「思索」或「本能」；而美國柏克萊大學的生物學教授柯涉榮博士也指出，細菌有記憶力和分辨力，當然也有腦筋的思考活動。

若非經由這些卓越科學家的實證，我們那會相信這種等而下之，平時不屑一顧的卑微存在也是有情衆生呢？然而早在兩千多年前，既無放大鏡、顯微鏡和望遠鏡等精密的儀器，也無動物、植物、微生物、礦物等名稱分類，佛陀竟能察知「一微塵中有三千大千世界」，曉得如此清晰，詳細、透徹和窮盡，不就是靠極高深的禪定功力「上窮碧落下黃泉」去觀察得來的嗎？可見他的智慧何等浩翰啊！

所以，他說芸芸衆生都有佛性，而這些衆生正是卵生、胎生、濕生、化生、有色、無色、有想、無想、非有想、非無想等十大類，他們一律平等，都有生命尊嚴，需要度化。

不明佛理的人，以爲衆生只指人類而已，學佛的人深知人類以外，還有諸天、餓鬼、畜生和阿修羅等等，都存在有情的生物，而草木金石、山河大地屬於無情，但也都是諸佛度化的對象。通常所謂佛菩薩度衆生，係指迷界的所有衆生，因爲他們都被無明的煩惱層層蓋覆，在生死輪迴中呻吟不息。

再讀『華嚴經』初品所說：「無盡平等妙法界，皆悉充滿如來身。」華藏品說：「華藏世界所有塵，一一塵中見法界。」還有不思議法品又說：「於一微塵中，建立三世一切佛法。」

總之，一粒微塵或一滴水中，寄寓無數的衆生。若依現代人解釋，一個極微小的塵埃裡，含有數不盡的微生物。誠如上述，微生物也有識性、意念、心力、腦筋與思索，而牠們都是三世諸佛度化的對象，足見佛教的慈悲心與平等心多麼廣闊和徹底。

禪林公案，有一則膾炙人口的佳話，那就是趙州從諗禪師論「狗子佛性」，破解「有」與「無」的執著見解。這位禪師生在北方趙州，在南泉普願禪師開示下大悟，之後周遊各地，從事教化活動。有一天，一名修行僧問他：

「狗子是否有佛性？」

趙州答說：「有。」

修行僧又問：「既有，我撞入這隻狗子的皮囊。」

趙州：「明知故犯也。」

又有修行僧問他：「狗子有無佛性。」

趙州：「無。」

修行僧問：「一切衆生皆有佛性，上自諸佛下至螻蟻，皆有佛性，何以狗子卻無？」

趙州：「因牠有業識性。」

衆生皆有佛性固然不假，但有很多顯不出來，如前面所說，受制於無明業障，反而充分暴露業識性，這是與生俱有，也是最原始，倘若不讓它昇華，化識成智，就永遠顯不出佛性來。別以爲人類是萬物之靈，若不能由識轉智，一直停在原始慾望階段，則跟貓狗有何區別？所謂「人之異於禽獸者幾稀！」關鍵在人會顯露佛性，但除了靠因緣和福德，更要靠自己努力啊。

『雜譬喻經』也有一則記載，很發人深省。大意是：

古印度有一位名醫叫做耆域，深得佛陀的信賴，他能把天下所有草木變成良藥來治病。有時用一種草藥醫好百病，有時調配許多樹根治癒某種怪病。因爲他深知所有草本都各有用處，且信天下百病都能醫得好。不料，耆域一死，天下草木同表悲哀。他們悲嘆：「我們都各有價值和功能，來醫治世人的病毒，但普天下只有耆域一人知道我們，而今他死了，再也無人了解我們了，後世的人因爲誤用，或不知份量才醫不好病，而不是我們没有用，現代人都稱我們無效，真可悲呀！」

天下衆生有佛性，也彷佛草木各有其功能價值，但人類的佛性不必靠別人開發，我們有自由意志，不像草木僅存識性而已。

據我所知，現代中國佛教大德擅用科學新知來印證佛理，其中最有成就的，應是旅居加拿大篤實修行的馮馮居士。我精讀他那幾本『太空科學、核子物理學與佛理印證』（上下）、『光速不是最快』、『禪定天眼通之實驗』等，舉證詳盡，讓人不得不信佛理跟最新科學如此密切。尤其，他從「微生物學試證衆生」這章中，再三闡述佛教的衆生包括太廣太多了，決不是凡人所能想像，或道聽塗説。

這些既然有佛性，但也都在輪迴生死中受苦，才使佛陀大發慈悲，發誓要度盡他們，學佛的人也應朝這個方向努力呀！

是謙虛，也是慈悲

『金剛經』說：「像這樣救度許許多多的衆生，其實都是衆生自度，那有一個衆生得到我度呢？……菩薩若念念不忘自己度了衆生，就著了四種相，變了凡夫，不再是菩薩了。」

佛友們都知道悉達多太子從菩提樹下得道以後，有過短暫的猶豫，要不要把自己得悟的法喜告訴別人呢？因爲他擔心世人很難分享，也很難理解。經過一陣梵天勸請，他才毅然離開菩提林，先到鹿野苑度化五位比丘。

從那次以後，直到他躺在婆羅雙樹下涅槃，幾乎長達五十年，都以身作則，率領徒衆，到處奔波，接觸形形色色的階層——國王、大臣、貴族、富豪、窮人、獵户、妓女、僕傭……。若連六道衆生在內，凡被他救度的數量，可說無邊無量，多如恒河沙石。既然如此，那麼，他怎麼還說没有度過一個衆生呢？反而誇獎是衆生自度，佛陀實在太謙虛、太慈悲了。

總之，有功而不居功，就是不著相布施的好榜樣。

謙虛是美德，亦是智慧，可做學佛人修行的大德目。像佛陀這樣被天、人尊爲師尊的大人物，居然如此自謙，用虛懷若谷來形容亦不過分。

我每次讀完人類政治史，發覺不論仁君、暴君或庸君，因爲坐擁王位，權大勢大，會影響全國百姓的各個層面，可說非同小可的人物，但不論古今中外，他們都愛炫耀功德、狂妄自大，不知謙虛爲何物？和自謙有什麼功德？在百姓歡呼萬歲聲中，心花怒放，不但不感激百姓好心捧他起來，反而視百姓爲芻狗、爲奴才。有人陶醉在大時代的舵手與民族的大救星中，渴求壽比南山、永遠在位，這就是凡夫，著了各種相，不值得擊掌和尊敬。

別說專制時代那樣，現代人也是。報載許多長字輩的各界領袖，不但常在大庭廣衆面前把一說成五，甚至說成十，還誇稱自己昔日對社會，或國家幹了多少事業，有過多少功勞，唯恐別人不知道，甚至霸佔所有媒體，大聲疾呼，現在和將來都不能少掉他，那種捨我其誰和言過其實，何曾有半點謙虛？每逢選戰季節，這種赤裸裸的反謙虛場面，更是如火如荼，到處可見。

人爲什麼不愛謙虛呢？原因是執著我相；結果，只要自己偉大，而不許別人偉大；只想自我凸出，而不願別人彰顯，殊不知這樣既非君子，也會帶來苦惱的。誠如『法句經』上說：

「對於心和身，不要執著為『我所有』，若沒有『我所有』，才會無憂慮，此人堪稱真正修行僧。」（367）

這兩年我結交了兩位學有專精的博士朋友，年紀都超過「知天命」，在社會上也經歷一番奮鬥，但是，他們的處世作風有天淵之別，毋寧說南轅北轍，令人不勝唏噓。

且說一位張博士專攻經營管理，曾在國內當過私立大學的教席，十年前返美後，就業無著，便自營一家雜貨店。他表現自大，惟恐別人不知道他是博士，且愛教訓別人，若聽人叫他：「張博士」，他便喜形於色，談吐間不時吹噓自己經營多麼合乎經濟原理，可以學以致用，反而批評誰家不行，誰家是落伍，其實天知道，他做了多年生意，營業成績一直不能上升，僅能維持成本。所以，每當旁人聽他大言不慚，無不暗笑：「這個狂妄的傢伙，要是真有本事，何以生意做不大呢？」

我心想他昧於謙虛，反愛吹毛求疵，遲早會失去許多朋友，那時會嘗到被疏離的落寂之苦，除非他有學佛的因緣，領悟謙虛的佛理，才能得救。

另一位黃教授就不是這個樣子，剛巧他是佛教徒，也是很有成就的化學家，曾經多次代表美國參加國際性的學術會議，但是，他的說話非常客氣，舉止又有禮貌，讓人接觸時，如沐春風，非常歡喜。

有一次，他透露自己的學佛心得，就忍不住一陣感觸，再三強調自己前後的言行變化極大，簡直有完全不同的人世觀。他說：

「我來美國三十二年，二十六歲就當上系主任，那時候，我趾高氣揚，經常申請到大筆研究金，而別的教授卻申請不到，有時他們十幾位申請到的總額，還不如我一個人多。結果，他們便自覺渺小，把我看成很偉大，每次碰面對我也特別恭維，不斷誇獎我。這一來，我簡直目中無人，總以爲他們都不如我，不論學識、地位、能力、眼光和其他都遠遜於我，我陶醉在這種日子裡，漸漸地失去了友誼，反而增加了自己的狂妄……等到我學了佛法，便領悟很多，心想他們也都是博士級，各有所長，怎會不如自己呢？而自己只不過沾上這所大學的光，也幸虧他們把自己襯托出來，好像衆星拱月，促成因緣，才能讓自己如願得到大筆補助，教學研究可以順利，而不是自己有更傑出的本領。啊，我有何德何能，敢這樣不識好歹，表現咄咄逼人呢？」

我聽了非常感動，也讚嘆黃教授沒有掉入學佛的兩大陷阱——知識論和知識障，反而充分受用佛教的智慧，生活得很快樂。

寫到這兒，我突然想起伊索寓言的一段啓示，其實，那也是很好的反面教材，謙虛禮讓有時不在表面，經常融化在內心。那則故事說——

狐狸和豹爭辯誰比較美麗？豹炫耀自己肩上的花紋斑點，而狐狸卻說：「我的美麗不是在身上，而是在心裡，因此，我比你不知道要美麗多少倍。」

由此引申，外表謙虛未必十足謙虛，反而是內心謙虛最令人敬愛。倘若一個人外表謙虛，內心傲慢，你會覺得他可敬嗎?當然不會。

不消說，外謙內誠，相互輝映，最爲圓滿，也最能給人歡喜，給人讚嘆;佛友們不妨牢記『六祖壇經』一段話：

「內心謙虛就是功，外行守禮就是德……若是真正修功德的人，心裡不會輕視他人，必能對衆生普遍尊敬。倘若心裡瞧不起人，二我之執没有斷除，自然没有功，自身心性很虛妄，我執龐大，才會不夠謙虛。」

若肯歡喜奉行，肯定會受益無窮。

破「相」的奧秘

「世間的所有相，皆是虛妄不實。若能看見各種相而不執著，也能識破它的虛妄假貌，就能見到如來的眞法相。」

任誰讀了下面兩則佛經故事，都會嘲笑他們真假不分，誤把虛妄當真實，未免太「透逗」，太愚癡了。

一則在『舊雜譬喻經下』，大意是：

妻子進廚房打開酒缸，看到缸裡有一名美女。她不知是自己的影子，便醋勁大發向丈夫怒吼，你怎麼不忠實？

丈夫跑來掀開酒缸，竟也發現缸裡一個俊男，他也忍不住怒斥妻子，你怎敢偷漢子？

結果，夫妻互揭瘡疤了。

二則在『大威德陀羅尼經』，大意是：

某漢子走到池塘岸上，目睹水中有自己的倒影，忍不住大喊救命，待衆人匆忙跑來問他何故?他說:「我掉進池塘裡死了。」

衆人笑他傻瓜,你不是好端端站在岸上嗎?誰知他也看見池塘裡有衆人的影子,又對他們說:「你們都掉進池塘裡了。」

不論大衆怎樣向他說明原委,漢子都不肯信,反見他手指水裡的影子說:「大家明明溺死在池塘裡呀!」

總之,漢子一直不懂虛實狀況,肯定自己和衆人都溺死在水裡。

他也有夠愚蠢,若依佛教來說,那是「無明」籠罩著他,使他執迷虛空假相,心起顛倒。可惜,村裡沒有善知識會用善巧方便向他開示,看樣子,他會一輩子迷糊。

不消說,那些都是極端例子。可是,世間所有堅硬、看得見的實物。例如,一座大山、一塊石頭、一棵櫻花樹、一個美女……很具體,亦有相,依佛理來分析,都是因緣和合的暫時存在。因緣滅時,他們就沒了,別看屋後那座雄偉的山峰,說不定它在百萬年前還是潛伏在海裡,也不保險若干年後,它還能否屹立在原處?因爲滄海桑田,萬物無常呀!再看窗前那朵櫻花,得到春的因緣,才能燦爛地開放,失去了春的因緣,便馬上凋落。

反正它們的「有相」與「具體」,都是靠因緣的暫時存在。高山也罷,鮮花也罷,縱使有跡象、有形相,但都缺乏實體,屬於幻相虛妄現象。我們千萬不要誤解,和執著它，否則，就會跟上面兩則故事的主角們半斤八兩，彼此彼此了。

那些虛妄幻相，亦非道德不道德，罪惡或不好等價值的判斷，而是事物的本性如此，所謂「緣起性空」者也。

佛教徒知道眼、耳、鼻、舌、身所能感覺到的任何色、聲、香、味、觸等現象，以及我們頭腦所想到的觀念，思考也是「有相」，結果，就會讓人心起「執著」和「顛倒」，而產生苦惱了。

說得明白一些，一切有情無情的衆生都不離緣起，也都有相。所有具體的存在物、思想觀念、諸般道理法則和行動都有相，叫做法相，都會使人起「執著」，起「分別」和「對錯」，若懂得佛教智慧，才能悟解那些也只不過是因緣合和……。

有一次，我在洛城菩提寺聽加州大學黃教授講『金剛經』，談到「身相」時，突然聽到一位畫家佛友起身問道：

「既然要在美國宏法，那麼爲了適應本地區的美國人，何不也把佛菩薩相都塑造成美國人的相貌，才容易讓他們有親近感……」

乍聽之下，我猛然回憶台灣光復初期，我剛入小學，班上有一名基督徒同學，跟我非常要好，不時有意無意跟我說耶穌基督有多仁愛?多偉大?怎樣捨身救世人？一天，他還拿一幅耶穌像到學校讓我看，誰知道我一看便不喜歡，連他平時所講過的那麼多耶穌救人，讓我產生的所有好感，也在這剎那間消失。原因是，我那時還沒有看過西洋人，不知白種人的體形相貌，的確跟東方人差別懸殊。所以，幼年的我，看到那位有幾億信徒的博愛基督，反而以爲他不是人，很像妖怪、魔鬼；當然，也不會對他起任何恭敬心與信仰心了。

即使很多年以後，我跟幾位法國籍的天主教神父結爲莫逆，經常到天主堂讀書、聽他講道，也頗有心得，不過，一看那幅聖母瑪莉亞的相貌體態，也有疏離感，有「非我族類」的陌生意識，結果，我才一直沒有成爲天主教徒。

既然不能「以身相見如來」、「凡所有相，皆是虛妄」，那麼，爲了方便宏法，可否把那位畫家佛友的意見看作建設性與突破性？很值得學佛的人三思！

虛妄不實的特徵，就是會變，也是瞬息在變化，而不是「沒有」。既然世間的一切都不是實有，和沒有，而是不斷隨著因緣變化，自己再喜愛的東西也是虛妄的，不能永久存在，所以，不能對它起妄想和執迷，不然一定會痛苦。

《金剛經》說：「凡所有相，皆是虛妄。」旨在警告世人不要有這種錯覺，也別受制於它，或受到它太大的影響。例如「心被境轉」，就是一種不幸的情況，那樣沒有好日子過。

若有了這個肯定、體認和智慧，那麼，就會珍惜當下，不會緊緊抓住權威、財富、夫妻、子女、情愛和仇恨，那些都是虛妄和非相呀！怎能被它們所轉呢？只有當下身、口、意造下的善業才重要，因爲「萬般帶不走，只有業隨身」。

相命師們透露：「人的面相不會永遠一樣，別說老、中、青時代有極大差別，都會刻下歲月的痕跡，連得意失意也會影響面相。」

沒錯，事事如意、身心健康，必然滿面春風了；凡是闊達，淡泊功名，也會面相開朗，而相反狀況必也呈現相反面貌。有道是：「心事都寫在面相上」。佛陀有三十二相好，也不可能永遠這樣，因爲「如來所說身相，即非身相」，或「不可以身相見如來」正是這個道理。

總之，破相秘訣在領悟「無常」，通曉「因緣」，別羨慕誰有多少筆土地，多少股票？只有珍惜自己眼前的幸福才重要，風水輪流轉，明年到我家，非常有可能，因緣俱足，閃也閃不掉，說不定他會羨慕你哩！寫到這裡，我想起六祖惠能大師說過「一相三昧」的精諦是：

「假如能在一切處所而不住一切相；在那相上不生起怨憎或喜愛，亦無執著和捨棄心念；也不顧慮自身的利益成敗等，安閒平靜，清虛淡泊，叫做一相三昧。」

學佛的人要信守奉行、自有法喜。

跳出「四相」的箝制

「如果菩薩有我相，人相、眾生相、壽者相，就不是菩薩了。」

這四相是『金剛經』裡很重要的名詞，也是修持的重點之一，不明佛理的人不易懂，一旦領悟，便有無量功德了。

先讀『賢愚經』一段故事，在過去久遠劫時，釋迦牟尼佛前世當菩薩階段，修持忍辱行，號稱忍辱仙人，住在山洞裡修行。有一天，殘暴的歌利王帶一群宮女到那座山上遊玩，他玩累了坐下來休息，不知不覺睡著了。宮女們趁機四處去採花遊戲。其中一名宮女目睹洞裡一位修行仙人，便立刻召呼其他同伴來聽他說法。不料，歌利王醒來後，發現宮女們失蹤，便找過來了，當他發覺她們在專心聽一名年輕修行人說法，不禁醋勁大發，斥責問罪。問他怎敢貪女色?對方辯稱自己早已見色不貪，只專心修不淨、無常、持戒忍辱，絕不撒謊。

歌利王不服氣，就抽劍割下仙人的耳朵，仙人沒有反應，國王又砍斷對方的雙手雙腳和鼻子，仙人仍無動靜，亦無怨言。這時忽見天地震動，飛沙走石，害得歌利王趕緊下跪求饒，不料，仙人淡淡地說：

「大王，我心中毫無瞋恨，今我發誓，若真無一念瞋恨，那麼，我的身體會馬上復原起來。」

果然，修行人的耳鼻和手腳馬上復原如初。據說這位歌利王就是悉達多太子成道後，去鹿野苑所度的五比丘之一——憍陳如的前身。

這種情狀如佛所說：「須菩提，我昔日爲歌利王割截身體，但我當時也沒有我相、人相、衆生相和壽者相。原因是當我那時節節被砍削，如還有我相、人相、衆生相和壽者相的話，理應生起瞋恨心。」

反過來說，如果著了我相、人相、衆生相和壽者相，那麼，他一定會怒髮衝冠，大動肝火了，因爲他著了「四相」。

還有『法華經』卷第六，提到一位鼎鼎大名的「常不輕菩薩」，也有非常感人的忍辱功德，若非他能真正跳出「四相」的箝制，就不可能修持到這種火候。

這位大菩薩不論平時遇到什麼出家僧尼或任何修行人，甚至其他男女老幼、販夫走卒，一律平等看待，誠執禮拜，衷心讚嘆：

「我非常尊敬你們，也絕不會輕視你們，因爲你們都能修行菩薩，有成佛作祖的潛力。」

因爲他不論對誰都這樣重視和讚嘆，才被大家稱作「常不輕」，他的修行方式與衆不同，不去誦經持咒，只愛禮拜和稱讚世人。誰知大家都不領他的情，漠視他的讚嘆與禮拜，以爲那是口頭禪，諛諂巴結，所以，對他起反感，怒斥他無聊，活見鬼，甚至拿竹杖打他，用石頭丟他、用腳踢他。可是，他一點兒不反抗、不憤怒、不失望、不逃避，反而更大聲回應他們，不斷强調：

「我仍然不輕視你們，因爲你們都會成佛。」

他自己是菩薩，也決不嫉妒別人成菩薩，甚至成佛作祖，不論何時何地，逢人便這樣稱讚鼓勵，忍辱負重，正是破除我相、人相、衆生相、壽者相的最佳詮釋。

說真的，四相所以會難破，大家習慣成爲它的奴隸，全出自人們的貪瞋癡慢疑。凡事以「我」爲主，用俗話說是自私，任何考量和利益，都以自己爲出發點，一旦別人搶走自己的好處，便怒目相向，開口閉口一大堆歪道理，說穿了是「我」字作怪，一輩子被這四相綁得死死，無法自在。

但在四相中以「我」相最難破，除非徹底領悟佛教「無我」的智慧，曉得「我」者不過五蘊假和合，別無真實的生命主體，也就是「我空」的佛理。因爲那是佛教最根本的教義之一，佛在三法印中，有「諸法無我」的教示。

佛教徒常說，以出世的心做入世事業，意謂不逃避現實，照樣上班做事，養育妻兒父母，出去應酬……但心不要被染，也就是要破這「四相」，才會欣賞法樂。

記憶那天午後，我迎風走到台北市羅斯福路二段一家佛學出版社，那是好友張××兄二十年前投資兩百萬元創立的，而今連不動產估計在內，少說價值在千萬元以上。出版物擺在辦公室，琳瑯滿目，業務員走進走出，煞是忙碌。當我正在讚嘆時，意外地聽到他說了一句令我感動的話。他以淡泊的語氣說：

「這間出版社大約走過十五年的辛酸期，把我人生最大的青春都投進去，直到近幾年才算穩定有利潤。不過，我隨時可以交給有緣人去經營，只要他肯立志宏法，而不一定要留給我的兒女，或什麼親人。」

哇！我認識出版界朋友，男女老少，少說有半百人左右，卻從來沒聽誰說肯將畢生心血創辦的出版公司隨緣轉讓給適宜的人經營，而不給兒女去繼承。依俗人看來，那是多麼龐大的財產，又是多有聲望的事業。父傳子、或兄傳弟，不然，讓給任何親人或好友也理所當然，怎麼可以用「隨緣」輕易讓予第三位陌生人呢？這不是現實裡破「我相、人相、眾生相、壽者相」的活見證嗎？

我在小學時代，剛上歷史課，級任許仁銘老師談到古代有禪讓政治，唐堯慷慨把帝位讓給孝順出名的舜；後來，舜也有智人風範，見賢思齊，照樣把帝位讓給治水有功的大禹。不料，禹年老時卻不願意用同樣方式傳承政治職位，反而傳給自己的兒子啓，開始了家天下的傳襲，以後每個皇帝都想長生不老，傳子傳孫，誰若敢諫勸他們破「四相」，尤其要破「我相」，不但與虎謀皮，會觸怒龍顏，性命難保。

別說專制時代這樣，到了現在民主社會，即使不是皇帝，凡是既得利益者，又何曾想要破我相，還不是貪戀權勢、利益，而且方法多得很，又會花言巧語，讓百姓們糊裡糊塗，信以爲真哩！

有一次，淨空法師應邀來法印寺宏法，他說：

「破四相是佛說的，若有四相即非菩薩。一般人都疏忽掉了，以爲是對文殊和普賢說的，菩薩才破四相，其實，我們學菩薩即應先破四相。不懂般若，念佛也不能往生，因爲還會念念不捨功名利祿，家庭眷屬，就去不了，有一絲毫的畦礙也去不了。道理明白之後，知道四相果然是空的，才肯真正放下。」

我讀過很多證嚴法師的演講集，都很輕鬆感人，其中一段給我極深刻的印象，那是她出家幾年，某日忽然接到俗家慈母的電話，哭訴她的弟弟被人失手打死了，母親傷心地問她對於此事的處理意見，要是一般凡夫很可能趁機興師問罪，大敲一筆了。誰知那位現代觀世音的證嚴法師，卻能以破「四相」的胸懷，發出「以德報怨」的精神，勸解母親說：

「弟弟已經走了，再怎麼說也不能起死回生，依佛理解釋，他們在過去世必有某種冤業，今世才會以這種方式償還，你要設法轉換角色，不要執著是死者的母親，應該站在失手殺人者的母親的角色，試想她現在的心情，痛苦亦不亞於你，除了不勝愧疚惶恐，更擔心孩子的下場，要是寡母獨子，那麼，這個母親的心情更可想而知了。他們的命運都操在你手中，只要你肯一念慈悲，他們就有活路。弟弟已經走了，要是他知道你仍能替他造下這個善業，肯去護衛那個錯殺自己的人，也一定很安慰，很感激……。」

果然，她母親後來在法庭上替對方脱罪：「是我兒子精神不好，才可能被他誤殺。」不但撤回告訴，也保釋對方出獄了。我們固然讚嘆證嚴法師的慈悲開示，但也敬佩她那位慈母有破「四相」，尤其「我相」的勇敢風範。

最後，請學佛的人務必誦讀『金剛經』這段話：

「倘若著了一相，就等於著了我、人、衆生、壽者等相；倘若著了法相，也等於著了四種相。相反地，倘若著了非法相，也等於著了四種相。」

所以，學佛的人要小心呀！

有相布施與無相布施

『金剛經』上說：「菩薩布施時，對於一切事物，應沒有執著。所謂不執著色不布施，不執著聲、香、味、觸、法布施。……這種不著相的布施，福德不可思量。」

那年，星雲大師在台北國立藝術館講『金剛經』，提到無相布施是：「布施時沒有能布施的我，受布施的人，所布施的物，布施後更不存求報的念頭，這種三輪體空無相而施的功德，才是最大的功德。」

依我的淺見，這種布施真是最高級，但也極不容易做到，更是學佛人的修持項目，和布施波羅蜜的最真諦。不論以什麼方式及多少東西幫助別人，或回饋社會，都不要爲了炫耀，表示自己多麼有愛心，亦不渴求什麼回報，無心插柳柳成蔭，縱使那天得到回報，也不是布施的心意，才是最正確、最有福德的布施行。

佛教徒耳熟能詳梁武帝與達摩祖師那段對話，也是很好的例證，梁武帝雖然建了許多寺廟，也供養了許多僧人，沾沾自喜，請教達摩祖師這樣有多大功德？誰知對方斷然說「没有」。梁武帝聽了大失所望，應該不在話下。没錯，建廟供養，出錢出力，也都是布施，倘若只在吹噓炫耀，要人恭維，又想有回報；顯然，這是著相布施，真正執著我相、人相、衆生相和壽者相，功德也不太多了。

基督教『聖經』亦有一則很類似的行善教訓，話說一個大財主死後，奔向天國去。守護天國大門的彼得問他：「你有何德何能想進天國來呢？」財主回答：「因爲行過善事，年輕時，我看見一個快餓死的乞丐，我給了他一塊錢。」彼得又問：「還有沒有？」財主回答：「還有一次，我在路邊看到一個病危的小孩，我丟給他五毛錢。」彼得問天使說：「快查一下，看他這一生還做過什麼善事？」天使查過之後回答說：「沒有了。」彼得對天使說：「快拿一塊五毛錢還給這人吧，然後，叫他給我滾得愈遠愈好。」

意謂這個財主是假冒的善心人，布施不在積陰德，而且不存慈悲心與清淨心，純粹抱持某種回報與期待，而這也是有相布施。

在我新竹縣的家鄉，有一位同宗長輩，雖然沒有讀過多少書，也是標準的鄉下種田人，但他年輕時代去過南洋和大陸，見多識廣，故對兒女教育特別重視。膝下六男兩女都受了大專以上教育，其中三個在國外當教授和律師，每年都寄回美金給父母，這位長輩大伯便捐出那些錢舖橋修路，也去教濟同鄉的貧困家庭。可惜他有張大嘴巴，總是對人炫耀自己幫過誰多少錢？給了誰多少好處？結果，他在鄉裡的聲望不頂好。雖然有人稱他熱心、仁慈，爲善很多，但也有人譏諷他沽名釣譽，刻意做給人看。平心而論，他的布施也許算拋磚引玉，多少有些善行榜樣，但卻犯了「相」字，純粹是著相布施，不是『金剛經』強調那種功德最大的「無相布施」。

我來美國十幾年，幾乎天天讀到美國政府忘了自己負債有多大，大到快要嚇壞人了，也依然扮演散財童子，一聽到地球的哪裡有糾紛，哪一國有危機，就馬上慷慨送錢去。但是，我懷疑這樣有無條件交換？或政治動機？如果答案肯定，當然不算無相布施。反正一切內幕若非主管當局，任誰也不知情。但能肯定的是，任何造業都有業報，善惡業皆是，別業也罷，共業也罷，因緣成熟，必定呈現，等著瞧吧，看它回報是什麼？大小是怎樣？

前幾天，一位葉姓的客家鄉親透露，有一次，他到洛杉磯小東京聽旅日華裔作家，兼經濟諮詢邱先生演講，邱先生一段話讓他留下深刻的印象。據邱先生說，人活在世間，在能力允許的範圍內，應該幫忙別人，不要求回報。他吐露一段自己的經驗，有一天清晨在東京街上走著，不期然看見一家店鋪的屋簷下，站著一個大學生，憑自己住在日本多年的眼力，看他的膚色黑黝黝，便判定對方不是日本人，倒像東南亞來留學的。那時天寒地凍，大雪紛飛，看那年輕人身上穿著薄衣，站著發抖。邱先生走前垂詢，果然是印尼來的留學生，剛來東京不久，連日本話都不大會聽講，更不太適應東京的氣候……。邱先生聽了迅速脫下身上的大衣，慷慨送給他，也沒留下自己的姓名電話，便匆匆的離去了。

年輕人感動之餘，亦不知他是誰，幸好不久發現大衣的領子繡有邱先生的名字，始知贈給大衣的善心人，竟是大名鼎鼎的華裔作家。

經過了許多年，有一天，邱先生的辦公室突然來了幾位陌生的貴客，名列日本財閥之一的某大船公司主管，苦苦央求邱先生接下這筆特大生意。當時，邱先生聽了既驚訝，又納悶；自己跟他們素無來往，也對那種生意不內行，根本不曾涉及，怎會自動上門來求助呢？詢問之後，始知印尼政府要向日本那家大船公司訂購幾條船，金額相當龐大。奇怪的是，印尼買方偏偏指定這筆大生意必須要由旅居日本的邱先生認可簽字，否則不能成交。這一來，日本的船公司老板當然要央求邱先生了。

不消說，邱先生事後也得到一筆意外的高額報酬，但經他一再查詢的結果，原來是當年那個冷得發抖的印尼留學生，學成回國，歷經奮鬥，事業一帆風順，當了印尼主管國貿的官吏，有權處理這批生意的採購。當然，這件事前後經過了許多年，連邱先生也幾乎忘了它，遑論什麼回報。不過，當初一念仁慈的布施行，不在乎受施人和布施物，多年後還會有這樣豐碩的回報，正是「無心插柳柳成蔭」，無相布施的報償。佛教的「種善因，終得善果」，不是沒有見證。

還有一件印象深刻的是，我剛到洛杉磯時，曾在全美國最窮困的十大城鎮之一——艾爾蒙特市經營旅館，哇！旅館周圍全是乞丐和流浪漢，男女都有，白天夜晚不停地在街上躑躅，漫無目標……，有過無數次，我遇到不同的陌生紳士，偕同幾名乞丐走到旅館櫃台，先問住一夜多少錢？之後掏出腰包替乞丐們付帳，找回的零錢又遞給他們。起先我以爲他們是很熟的朋友，就忍不住好奇地打聽：「他們是你的朋友嗎？」紳士答說：「不是，只因他們說兩三天沒吃沒睡了……我幫他們一點小忙，沒什麼。」待手續一辦完，紳士頭也不回地離去，每次目睹如此場面，我都會十分感動，既不問受施者的姓名，也不趁機說教，滿臉瀟脫，不將布施放在心上，真是出自內心的誠意……。

布施是主動行爲，靠心意決定，布施時存什麼心，自己很清楚。所謂「一念三千」，「一念俱足十法界」，倘若還存什麼物質，多少數量，布施什麼人，百般計較，就不算種福田，如『六祖壇經』說：「一切福田，都離不開心地。」那麼，只有存至誠心、平等心和慈悲心，不分任何對象、數量和施物，即使這樣布施畜生，也跟布施諸佛，所得福德一樣，毫無差別。學佛的人請再誦『金剛經』一句話：

「菩薩心不應住色布施，菩薩爲一切利益衆生，應如是布施。」

內財施

『金剛經』說：「若有善男信女，在每天上中下午三個時候，都把多如恆河細沙的身體來布施，經過了百千萬億劫數，不斷用身體布施……。」

『解深密經』與『優婆塞戒經』將布施分成財施、法施和無畏施。財施當然指財物的施捨，但財物可以分成「內財」和「外財」。內財指身上的血液、眼睛、骨髓、腎臟等。至於捐血、捐眼角膜、捐腎都是布施內財，而佛陀修持菩薩行時期，奮不顧「身」的布施，當然不在話下。外財是身外之財，例如汽車、洋房、衣服、錢財、古董等。現在先談「內財」布施——

據說死後捐出器官的風氣在國內仍在萌芽階段，不頂熱絡，只是偶有報導而已。最好的證明是，國內眼角膜的需求一直仰賴印度洋上一個佛教國家—錫蘭提供，而錫蘭人口僅有一千七百萬，卻擁有全世界最大的「眼角膜銀行」。他們只用來布施，而不賣錢。不但自己用不完，而且會千里迢迢送給外國急需者，台灣也是受惠國之一。

人死後捐出任何器官都是無財施，意義非同小可。自己死後，還能救到別人，這是何等功德，所謂「救人一命，勝造七級浮屠。」當如是也。幾年前，台北監獄有一名重犯在執行死刑前，說過一句很感人的話：

「縱使我死了，曉得臨死還能救過一個人，總算一輩子也做過一件善事，這樣，對父母、妻兒總算說得過去，讓他們知道我不是壞得不可救藥。」

原來，這名死刑犯執刑前慨然簽下一紙同意書，願意捐出自己任何有用的器官，而毫不在意要不要保留全屍。他認爲自己生前做了太多壞事，難得有機會捐贈器官給急需者，無疑是一件好事。

没錯，國人一向執著牢不可破的全屍觀念，寧可讓它與草木同朽，變成一堆泥土，也不願意造福別人，心態上執迷「髮膚受之於父母」，如果破損或捐贈出去，會愧對父母於九泉；其實，他們完全昧於布施的價值，真是秀逗！

如果要勸人犧牲生命，把器官布施出來，當然不可能，但自己死後没有知覺，被剮走任何一種器官或內臟都無關痛癢。既然如此，又能造福別人，何樂不爲呢？

『賢愚經』第六，提到佛陀在前世出生爲一位快目王，布施過兩隻眼睛，讓天地同時震動，諸天驚訝。我讀到這裡也情不自禁湧起一陣寒意，心甘情願挖出眼睛來布施，簡直比拿出錢財還要動人心弦。同一部經典也提到佛陀曾在久遠以前，出生爲小王子，名叫摩訶薩垂，天生有豐富的慈悲心，結果，在一次機緣裡毅然施身給一隻母老虎，完成了布施心願。

前陣子讀到一件感人的報載——有一位李慧玫女士從美國新澤西州，飛到加拿大多倫多去拜見她的恩人。原來，李女士在十三歲那年，患有血癌症，到十七歲時，只能靠不斷的化學治療和放射治療，勉強維持虛弱的生命。幸好那年加拿大紅十字會給她帶來好消息，提供一名加籍女子劉桂霞的骨髓給她。

三個月後，她因骨髓移植手術出現病變，再次得到劉女士捐贈的血，從此以後，這位弱小的華裔姑娘才開始有正常人的生活，而今，她已是一名大學生。她說，在她心目中的劉女士是了不起的英雄，找不到很適合的話來感謝她。誰知劉女士卻說出一句極富感性的話，讓在場的人心動。只聽她說：

「我很慶幸自己的人生有這樣一個機會，使自己這麼平凡的人，也能做出一件偉大的事。」

她相信若有愈來愈多的好心人布施骨髓，結果，必然會救出更多血癌的患者。說來令人汗顏，國人捐贈器官的觀念一向很保守，報載一位美國籍的朗史東太太主動布施愛子的器官，挽救了六個國人的生命。原來，朗史東太太的愛子玩弄槍枝，不幸被槍擊中而腦死，她在悲慟喪子之餘，主動捐贈愛子的器官，喚起國人早日發揚器官布施的觀念，真是感人肺腑。她雖然不是佛教徒，卻真正實行器官布施的佛法。

只聽她說：

「如果自己生前就表明器官布施的意願，那麼，自己家人就不會在承受悲傷的同時，還要做出困難的決定……布施器官是爲了延續生命，走出悲傷，讓生命更有意義，因爲布施器官是我們留在人間最寶貴的禮物……。」

在台灣，醫師通常不會主動向病患家人提出器官布施的作法，所以，當親人的生命已經不能挽救時，家屬要主動向醫生表明布施的意願，才方便醫生做最適當的安排。做決定時也別讓昧於器官布施的人阻礙了自己。

據說朗史東太太布施了兩個腎臟、兩個眼角膜與皮膚。總之，這種遺愛人間的行爲，算是一件跨越國際的慈悲行。

有一次，美國威斯康辛州大力宣傳器官布施的觀念，結果，讓人民更愛惜生命，例如駕車都使用安全帶，設置空氣囊，致使該州一年的交通意外事故銳減三成。

台灣新竹市志願服務協會，在同一年，也宣揚器官布施社會互助的觀念，據說國內目前約有一萬人需靠洗腎來維持生命，若能早日得到腎臟進行移植手術，便能恢復正常生活。還有爲數不少的病人，正在生死邊緣徘徊，等待心臟、肝臟的移植。每年國內約有四千人死於車禍意外，倘若他們的家屬都肯布施器官，尊重生命，將是多麼可敬可佩的事。

不久前，國內『新新聞周刊』與器官捐贈中心共同舉辦千人健行，目的在推展器官布施的觀念，而這項活動也獲得黨政與文化界人士的踴躍支持，堪稱好事一樁。當時爲「捐贈器官而走」的朝野人士，包括總統府資政郝柏村、司法院長林洋港、法務部長馬英九、民進黨主席許信良……希望國人踴躍實踐器官布施的菩薩行。

前些日子，聯合報有一篇文章非常生動，我難得讀到宗教界領袖對於器官布施，竟然有共同的看法，君子所見略同，果然不假。他們都吐露：「器官布施是一種遺愛人間，積功德的作法，與宗教兼愛天下的大愛相符。」且聽他（她）們的心聲：

慈濟的證嚴法師說：「早在釋尊時代便有布施器官的觀念，有形的身體是一具臭皮囊，只有它發揮功能才算至寶。」

道教總會一位高姓理事長說：「捐贈器官可將道教的教義昇華到更高層次……。」

回教協會一位武姓理事長說：「回教教義雖然不主張傷害身體，但布施器官可以救人，也算是一種善行，只要他本人生前同意，回教並不反對。」

基督教一位周牧師說：「耶穌願意將自己釘在十字架上，以救贖衆人，所以，基督教對於器官捐贈持肯定態度。」

天主教台北總主教狷剛也說：「捐贈器官是愛人的至高表現，在生時已鼓勵教友捐贈，何況在身後。」

國內第一位贊助器官的企業家，也是台塑企業董事長王永慶先生，曾經說：「人體器官移植的醫療技術已趨成熟，……這樣可以拯救很多生命，是一件功德無量的事，長庚醫院一直致力於此。」這樣看來，難道器官布施不值得讚嘆和發揚嗎？

最後，我要列述『大菩薩藏經』對施捨內財的福德利益說明於下：

一、布施腳，感得到佛法，成就無上智慧。

二、布施手，感到圓滿清淨的法手，普救衆生。

三、布施耳鼻，可獲圓滿的五官。

四、布施四肢，可獲清淨無染，威儀莊嚴的佛身。

五、布施眼睛，可獲清淨的法眼，普視一切衆生無障礙。

六、布施血肉，可獲堅固身命，能以究竟和善巧方便來幫助天下蒼生。

七、布施頭腦和骨髓，可獲圓滿的金剛不壞身。

八、布施頭顱，將可證得無上圓滿的智慧。

寫到這裡，乍聽電視新聞，李總統接見十位今年輸血最多的善心人時說：「捐血就是捐出自己的生命，是最光輝的義行。」捐血救人即內財施也。

外財施

那天洛城時報說，越戰二十年後，美國愛心組織布施七百萬價值的醫療用品給越南，其中有藥品、義肢、綳帶、手術工具和醫療器材，象徵美國人走出越戰時代的陰影，重新開拓友誼的新紀元。

哇！一笑泯恩仇，又用財物送給昔日拚死拚活的敵人，以布施化解所有怨恨，虧得美國人如此坦蕩胸懷，令人讚嘆！令人擊掌！

且說我有一位日本好友姓篠原，年已七十，滿腦子都是東方思想，偶而也稱讚歐洲文化，惟獨很厭憎美國的功利與個人主義。每當我們閒聊，便聽他對美國的作風指指點點，非常沒有好感。不過，我也有意外幾次聽他對美國人慷慨布施，和不記仇，吐露一種由衷的敬佩。他說：

「第二次世界大戰剛結束，日本百姓飢寒交迫，但是美國人馬上忘了戰前對日本的憎恨，一船一船的麵粉、米糧、衣服、醫藥……送來日本，這樣仁至義盡的布施，連我們日本人也做不到。說真的……，恐怕我們東方人都做不到……。」

沒錯，美國人實在夠熱心，說到做到，那怕昨天你我仇敵，一旦和解，也不忍心看你没飯吃、没衣穿，照樣會掏盡腰包的鈔票來幫你，也許美國人能領悟英國哲學家羅素那句話：

「執著財產的觀念比其他事物，更難使人們過自由高尚的生活。」

可見美國人比英國人自由高尚得多了，因爲他們悟知「得天獨厚」、「四海之內皆兄弟」，才有人溺己溺的高貴感情。

乍讀『莊子』外物篇：「不要執著身外的財富。」儘管他說得没錯，但有誰能悟解什麼原因呢？除了學佛的人以外。因爲佛教徒耳熟能詳『大寶積經』所說：

「一切財物都是天災、人禍、盜賊、官府和敗家子所共有。」

別以爲現款存在銀行，黃金鑽戒放在保險庫，股票地契握在手提包等萬無一失，那也未必見得，世間無時無刻没有天災地變和兵慌馬亂；縱使眼前没有敗家子，卻不能保證以後没有敗家孫子，敗家曾孫子。

總之，外財總不離無常的命運。所以，外財最保險的儲存是布施。佛教大德陳柏達居士說得很生動：

「把有形的財物轉換成無形的福德，把不堅固、會損毀的物質，轉換成最穩固的法財，財物一旦轉變爲福德與法財，這樣不但不會損毀，或被人奪去，反而能留到來世享用，等於永遠是自己的。」

財物布施是一種智慧，利人利己，又可以福慧兼修，再好不過。『大般若經』說：「一切修行中，應先行布施。」

記得一位吳姓朋友吐露：「我不是佛教徒，但我很喜歡花蓮慈濟的做法，我也樂意拿錢，請她們轉給真正可憐的人。」

慈濟當初以「布施行」開始，施主愈來愈多，再推動其他硬體的佛教志業。而今他們布施到非洲、美國和中國大陸，無遠弗屆，成了國際馳名的布施團體，也是方便宏法的途徑。說真的，心儀證嚴法師，而樂意投入布施行的人，恐怕比真想來跟她學佛的人更多吧!?

只要翻開各家佛教團體和寺廟的雜誌，都有一大張施主姓名，也都有說不完的布施因緣，其中講得最詳盡、最精彩的，恐怕是慈濟世界了。不說大施主一大群，連窮人、病患、殘障和孩童都有，布施因緣也好生感人。恕我有割珠之愛，只從『慈濟心燈』摘出兩三件來，讓讀者們分享。

㈠有一對中年夫婦從台南來，他們是做小生意的，推著小推車，在路邊賣炸米粿。

去年，他們從報上讀到「慈濟」消息，便整晚睡不著，夫妻商量說：「我們辛辛苦苦參加兩個互助會，要不要標下來給師父建醫院呢？一來不怕被倒會，二來又是真正種福田。」

先生很贊成太太的建議。

太太問：「我們的小攤子如遇到刮風下雨，就無法做生意，若把兩會標下全給了師父，你的心會怎樣？」

先生答說：「別人吃三餐，我們可以吃兩餐呀，若兩餐不繼，就吃一餐吧！」

㈡高雄有一名幫人糊紙袋的年輕女性，家境不富裕，當她聽到證嚴法師的錄音帶，得知要建醫院，心很感動，便將脖子上的結婚項鍊和孩子彌月的金帽花，連同僅有一萬元的現金，委託一位委員帶給「慈濟」。

㈢要建「慈濟醫院」時，一位即將訂婚的年輕人，聽到建院的事，就跟母親商量，之後，將訂婚的金飾，全部捐出，響應建院。

別人問他怎麼捨得？他說：

「慈濟建院只有一次，不訂婚，還有明年，明年不娶，還有後年；真正願意嫁我的人，絕不會看在金飾份上。」

今天台灣的大地主、大財閥和一大群××大王，以及某某高官、民意代表們，也不乏財產接近十個數字，恕我孤陋寡聞，卻很少聽說誰肯布施一座圖書館、一塊好地皮、一棟大樓……回饋社會，把外財轉存法財的穩當投資，未免太可惜、太可嘆。

反觀離我居住的公寓不遠有一座寬闊壯觀的漢丁登圖書館，屬於私人捐贈，每年有成千上萬的國內外遊客慕名而來，成爲全美國屈指可數的文化財。

還有許多著名的私立學校也是當年由私人捐贈開始，陸續培養人才、造福社會，都是布施外財的好榜樣。

若讀『賢愚經』第十卷，便知須達長者買下祇陀太子的美觀花園八十公頃，黃金鋪地，來建精舍給佛陀。『離寶藏經』記載頻婆娑羅王爲佛陀建造寺院和僧房。『六度集經』記載一位須達拏太子將貴重且具有神力的大白象布施給敵人，這些都是大手筆，而且沒有分別心。

有人誤會拿一千萬元，跟五元、十元的布施，當然前者的福德大，那就錯啦！布施最會生心意，若有幾十億財富，在被迫或虛榮的心態下，只拿出一萬元亦不過九牛一毛，福德極微，遑論功德？有人無隔宿之糧，口袋僅有少許錢都掏出來布施，也有好報。

『賢愚經』記載阿那律在過去劫的饑荒時代，以稗子作飯供養辟支佛，後來在天人中享受自在。阿育王有一名奴婢掃地撿到一個銅板，很高興拿到寺院布施僧衆。她命終後，投身爲阿育王的女兒，終身享受富貴。

『雜寶雜經』記載，一名衣裳襤褸的窮老太婆，很歡喜布施一碗米汁給迦葉尊者，以此功德，死後到忉利天，享受天福。

最有啓發性的是，一位名叫難陀的女乞丐，乞得兩文錢去買油點一盞燈來供佛，而阿闍世王布施五百斗麻油膏，沿途點燈請佛來吃飯。天亮時，所有油燈全都熄滅，只剩下難陀那盞燈沒有被熄滅。目連尊者用扇子搧它，油燈反而更明亮，甚至用神通也熄不滅它。後來，始知是阿闍世王所點的油燈雖多，但心念不專一，誠意又不足，反不如乞丐的心那樣專注所致。

總之，布施心最重要。

法施

『金剛經』：「有人用三千大千世界堆滿的七種寶物來布施，遠不如受持一首四句的經偈。」

這是法布施的殊勝，或非同小可。別看不拿出半毛錢，動一動嘴巴很簡單，殊不知要挖盡心思，觀言察色，看對方是什麼素質、根性、年齡、職業、社會地位、文化水平……同時活用方便，說些佛理讓對方受益，可不是一件容易的事。

記得有一天晚上，星雲大師到洛城一個家庭宏法會上，回答佛友們的問題，爲何講那麼淺的佛理呢？大師說：

「要講深奧很容易，要講淺白才難呢？」

講深也罷，說淺也罷，反正統統是法施，兩者都不容易，功德完全相同。誠如：『大集經』說：「財物布施再多，也不如以至誠心誦持一句經偈。」還有『十住毘婆娑論』也說：「各種布施中，以法施最殊勝，最奧妙。」

沒錯，財施很壯觀，很轟動。可是，受施對象很有限，所得亦有用完的時候，時間空間都受限制，總不如法施對象可以多到無窮，也不分現在和未來。尤其，現代資訊發達，加上新科技的運用，法施也隨著四通八達，無遠弗居。像美國地方遼闊，從這州到那州不但開車又慢又累，連搭飛機也不容易，結果會使許多人失去佛緣，得不到法喜。

這一來，就不時看到華人的超級市場、餐廳、百貨商店等處，都擺設書架，放滿佛書和錄音帶，方便流通，善知識的佛心法施，讓人很感動。

這幾年，我往返台灣與加州，幸會許多佛友大德，都很熱心法施。例如『向覺』雜誌的陳社長平時省吃儉用，卻肯獨資出刊向覺雜誌，免費跟人結緣，也義務到機關團體講經。大展出版社的蔡森明兄，不曾皈依佛教，自謙不懂佛法，卻肯在極微薄的利潤，甚至虧本的情況下，開闢「心靈雅集」的專欄，出版一系列佛書，落實法布施，都很令我讚嘆。

還有令我感動的是，在我中譯外文佛書出版時，有些佛教作家一聽到台灣的佛書讀者層不高，除林清玄、鄭石岩兩位的書可以暢銷，其餘都銷路欠佳，將來有一段辛苦的路要走，他們表示只想協助法施，而不索取分文稿費。

在美國，做大學教授都要忙著研究，教學極不輕鬆。不久前，加州大學的黃教授一聽說菩提寺要邀他去講『金剛經』，他二話不說，連車馬費也不要求，便自動開車半個時辰，攜帶自製的圖卡和錄影機來，他爲法辛苦的熱忱，頓使五十幾位東南亞來的華裔佛友，都如願得到佛法的洗禮，歡喜得不得了。起初幾天，大家發現寺廟外經常來了一名騎單車的墨西哥青年，站在大門口向我們高聲呼嚷：

「你們別傻啦！信佛教會下地獄。」

被他這一嚷，我們難免分心片刻，煩怒得很。有一次，剛好講經完畢，又看見他來到大門口猛叫：

「我是來救你們呀！怕你們將來會下地獄……。」

大家正在錯愕時，黃教授不慌不忙，很親切地走向前去，用極流暢的英語說：

「哈嘍！你搞錯啦！我們都在修行，不可能下地獄。」

誰知對方聽了，仍不以爲然地說：

「怎麼可能呢？佛教是邪魔……。」

黃教授不待他說完，即刻反問他說：

「你知道佛教是什麼嗎？」

「不知道。」墨裔青年爽直得可愛，實話實說。

「好吧！我問你：綠豆播在泥土裡會長出玫瑰花嗎？」

「不，絕對不能。」

「那麼，會長出什麼呢？」

「當然是綠豆呀！」

「你答對啦。」黃教授微笑一會兒，又用溫和的口吻繼續問他：「種綠豆會長出綠豆，種花生也會長花生對不對？」

「那還用說嗎？」

「你好聰明。」黃教授誇獎他，接著說：「播什麼種子，就能長出什麼花果；換句話說，有什麼因，會結什麼果，這就是佛教呀！我們就學這個嘛，難道學這樣正確的佛理也會下地獄嗎？」

黃教授從頭到尾沒有罵過他一句，也沒有嚴詞教訓過他，反而耐心誘導他，才使那個純樸的墨裔青年點點頭走開，但聽他臨走時，還回頭望著我們說一句：

「哦，原來是這個，對不起。」

從此，再也沒有看見他到菩提寺門前來叫嚷了。

誰說黃教授不是做一次成功的法布施呢？

不久前，佛光山的法師們到台北監獄宏法，讓一群囚犯們有機會聽經，發起慚愧心和懺悔心，正是最好的法布施。這可從幾位囚犯們的心聲得到證明。例如一名吳姓犯人說：

「佛教的因緣法，解答了我對人生長期間的迷惑，使我再也不惶恐了。」

一名李姓囚犯吐露：

「我終於了解自己爲什麼犯錯……。」

一名陳姓囚犯說：

「從前的我很極端，很衝動，才會犯了很多錯誤。所以，每天都過得不安寧，無法入眠，甚至還去自殺，聽了佛法後，我才體會到安心與熟睡的滋味。」

一名朱姓的囚犯感慨的表示：

「聽了一句阿彌陀佛，讓我心神平靜，改變了我一向不肯悔悟的人生觀。」

一名葉姓囚犯淚流滿面的向記者傾訴：

「我聽了法師的話，才把我四年來浮沈於『埋怨』之苦，得到徹底的解脫，對自己的未來有了方向和期許。」

總之，無數個感動，點點滴滴的驚喜改變，從受刑人身上一一流露，完全證實了聽經後的受用。還有一位法名叫做「本源」的受刑人，在龜山監獄聽完幾天佛法，感動之餘，寫了一篇十分生動的心得在『覺世』雜誌，我一連讀了兩遍，特地抄錄下來，讓大家一起分享——

當初，我只抱著姑且一試的心情去聽講，沒想到我一披上袈裟，便覺得彷如隔世。在陸續幾天的聽講中，我感受到前所未有的反省。因緣、果報的佛法給我巨大的震撼，自從我入獄以來，從沒有這樣紮實和寧靜過日子。

在法師的指引下，我才明白人世的真理，原來存在生活的每一個細節裡，在法師慈悲的開示裡，我才明白自己是誰？如夢初醒般地反省，自己做過多少利益別人的事情？這種解惑與重生的感受，可用「悲歡交集」來形容……我面對無常的人生不再徬徨了，因爲我懂得惜緣，不想再把有限的生命浪費在「怨恨」中。

總之，聽了幾天佛法，讓我真正得到了新生。

倘若許多囚犯都能如此受用，順利走出心靈的桎梏，將來走入社會改過遷善，足以證明幾天的法喜，也能滌去他們的心污，不就是法施的功德嗎？

雖說法施比財施殊勝、持久和無窮，但不能偏執，要隨緣；時間、地點和情況要拿捏恰當；若在錢財該行時，偏去行法施，便有失分寸，沒有領悟布施的秘訣。誠如經論在警告：

「笨人一聽法施勝過財施，不解其中奧義，就吝嗇不布施財物，只顧去讀經誦咒，以爲這樣才對。若懂布施的精諦，便會拿出小錢，暫解別人燃眉之困，這樣勝過笨人熟讀百卷經論。」

說真的，基督教的牧師，和天主教的神父們，飄洋過海，千里迢迢到陌生國家的窮鄉僻壤去辦學校、建醫院，救窮濟困，積極宣揚上帝的福音，實踐博愛的理念，不求名利，終身奉獻。儘管博愛的精諦不及慈悲，天堂的層次也不如解脫成佛，仍然在六道裡輪迴，但是，他們腳踏實地的風範，默默犧牲的宗教情操，何嘗不是一種法布施?只是沒有俱足學佛的因緣，才不能提升層次去宏揚佛法。

記憶裡，我讀竹師二年級的國文科何老師，年居七十，還每週兩次應邀到新竹某部隊長辦公室去講『論語』和『孟子』，有一次下大雨，我替他撐傘陪著去。歸途中，我問他一個月可拿多少鐘點費。不料，他聽了呵呵笑起來，說道：

「我還要什麼錢嘛，能把做人的道理傳授給別人就好啦!」

我聽了很難爲情，但非常敬愛何老師一大把年紀，還肯爲了「傳授做人的道理」而不取分文，走一大段路也還樂意，真是法施的好榜樣。佛理有深有淺，凡勸人向善改過，也等於諸惡莫作，衆善奉行的佛教，當然也是法布施啦!

每當有人跟我談佛法，或在共修會裡碰面，好奇心的驅使，使我總愛詢問對方的學佛因緣，經過多次非正式調查之後，若是愛看書的佛友，幾乎都回答：「受到林清玄的影響」或說「讀了林清玄的書」。可見林居士不是普通作家，而是一位法施不停，熱心散播菩提種子的善知識。

寫到這裡，學佛的人不妨精讀『金剛經』這段話：

「須菩提，我現在明白告訴你，若有善男子、善女人用多恒河細沙，充滿三千大世界的七寶來布施，所得的福德多嗎？」

須菩提答道：「世尊，甚多。」

佛陀又告訴須菩提：「若有善男子、善女人肯依我的指示，受持那四句偈語，並向旁人宣揚它的妙義，那麼，這樣得到的福德會比前者更多了。」

學佛的人要牢記法施的殊勝和功德。

無畏施

那天傍晚，陰雲欲雨，該放學回到家的女兒，還不見蹤影，我不免著急；又等了好久，始見她的芳影走進家門，我忙問她什麼原因？她不慌不忙地說：

「今天來了一位新同學，英文不大通，什麼都陌生，樣子很惶恐，我便想起當初自己也跟她一樣；我不忍心看她想哭的樣子，才趁放學後從頭到尾教她一番，竟然浪費了大半天。」

原本想責備她的我，知道了原因，反而大聲誇獎她說：「你做得好，以後若有相同的情形，也一樣要去做。」

有時自己不費吹噓之力，可以幫人一點點小忙，卻等於幫了對方一大忙，不僅解除對方燃眉之困，也能給自己一份助人的喜悅和布施的功德，非常值得肯定。

四十年前，我家人從農村鄉下搬到新竹市的南門街，附近是省立新竹醫院。有一年暑假，住在鄉下的堂兄的長子患盲腸炎，載到新竹醫院開刀住院一星期，我每天傍晚陪母親送飯去醫院給服伺病人的堂嫂，堂嫂是標準鄉下人，少見世面，不知盲腸開刀順利，會很容易復原，只見她整天愁眉苦臉伺候愛子，不時嗚咽悲泣。幸虧母親一向口才好，見識多，每次都好言安慰堂嫂，而且飯後還陪她聊天，多方紓解堂嫂的苦悶。果然不到幾天，堂嫂的心情開朗多了，開始恢復平時的笑容。從那以後，在我年少的記憶裡，深知講好話給人慰藉，讓人寬心也是一樁好事。

再說我來美國學會開車後不久，有一天，獨自開車到達一處荒涼陌生的郊區，目的無他，只想觀賞新環境的新風景，誰知我一時大意忘記帶地圖，途中九拐十八彎，只顧貪戀路邊的森林、野花、果園……一個時辰後，始見天都快黑了，路上無其他車輛行人，我對回程沒有把握，忘了要怎麼回去？難免起了恐慌，只好把車停在路邊，走出車外四處張望，目睹不遠樹林下有座獨立家屋，便走向前去敲門，頃刻出來一位老婦人，她知悉我的來意後，立刻先安慰我說：

「你別擔心，你不熟地理才來到這裡，其實路線不複雜……。」

接著，她拿出紙和筆，邊說邊寫，註明每條街口和轉彎特徵，十分詳盡，結果才讓我平安回到寓所，一路上非常感激她指點迷津，至今一想起那件事也仍然懷念她——好心的老婦人，一位迷途旅客的嚮導……。

沒錯，生老病死是人生的大苦，但在漫長的生活過程裡，還有數不盡的憂愁、沮喪、驚險……縱使慾望再淡泊、職業再單純，也難免旦夕之禍福，彷彿天有不測之風雲，地位之高如總統、董事長、總經理……也不可能刻刻都春風得意，每逢氣餒、挫折的時候，都渴望善知識來開導安慰。有時豐富的知識和工作經驗亦未必派得上用場，例如美國的海明威、日本的川端康成和台灣的三毛等人，都有卓越的思想和多彩多姿的生活體驗，照樣有挫折想不開的時候，結果都上吊自殺了。

尤其，從「張老師專欄」和各家「生命線中心」的報導裡，獲悉社會各個角落都有各種階層、年齡、身份、職業、性別的青年男女在求助，吐露自己苦不堪言，而這些慈善機構的實質協助，也不外好言勸誘，從各個角度分析利害，再提供應走的方向，挽救在苦海中待救的人，他們真正扮演無畏施的角色，令人又感激又感動。

無畏施的內容不一定要用一套大道理，反而要看問題的癥結所在，有時短短幾句輕描淡寫，有時引用幾個譬喻，說幾個例子讓對方反省，也能收到四兩撥千斤的功效，而解救對方的困境，真是善莫大焉。

例如花蓮有一對夫妻吵架時，常說誰怕誰呀！雙方互不相讓，眼見幾十年的夫妻感情就要破裂，幸好有一次聽到證嚴法師開示：

「不要說誰怕誰，應該說誰比較愛誰呀！」

據說從那次以後，那對夫妻一旦起衝突，都會同時想到：「誰比較愛誰？」而湧起愛的競爭，才彼此禮讓，體諒對方，締造十分美滿的家庭。

這句開示充滿智慧，肯定比布施錢財還有效果。

還有佛教徒耳熟能詳『舊雜譬喻經』的一則故事，也是佛陀開示一位傷心老太婆的無畏布施。原來那位老太婆失去了獨生子，哭得死去活來，當然可想而知。她甚至想自己活下去也沒意思，不如跟兒子一塊兒去。

某日，佛陀經過這裡，知悉她的苦境，就很慈悲地告訴她：

「自從盤古開天地以來，世間那有不死的人呢?所有活著的人，都想要活下去，而你硬要跟兒子一塊兒死，這不是執迷不悟嗎？」

老太婆聽了如夢初醒，才脫離了苦惱和尋死的念頭。

無財施

一、跑腿

雜寶藏經記載，舍衛國的波斯匿王和須達長者，都因爲好久沒看見佛陀，思念之餘，竟忍不住派一名使者去精舍請佛陀來。

那位使者駕車有功，扮演橋樑的角色，順利傳達了訊息，讓佛陀能夠到達波斯匿王和須達長者那裡，也是一件跑腿布施。所以，他死後神識升上天界，並以天人的身份，乘坐一輛寶車下來聽聞佛法，最後也得道了。

我讀過好幾本唐朝開國的章回小說，例如『說唐全傳』、『薛仁貴征東』……等，都描述唐太宗身邊有一群勇將，個個都是好漢，其中有一位叫做程咬金，武藝中上，但依小說上描述，他是一名福將，福星始終高照他的一生，可讓他在極危急的關頭，逢凶化吉，別人非死不可，而他卻能履險如夷。所以，有過好幾次唐朝軍隊遭到敵人圍困，都靠他冒死突圍，馬不停蹄跑去求援，結果都能不負所託，完成任務。在整個戰局上，也都因他跑腿有功，才能扭轉逆勢，成了大英雄。

在我模糊的記憶裡，高中英語老師曾經提過古希臘時代，半島南端居住一支族裔，某年受到外族的攻打，情狀非常危急，族人便選派一名飛毛腿的青年，跑了幾天幾夜，不眠不休，到某處去求援，並傳遞訊息。結果如願以償，光榮地完成任務，後人爲了紀念他，每隔幾年，便舉行萬米賽跑的運動，而今世運傳遞聖火，以及萬米的馬拉松徑賽，據說是紀念那名青年而來，可見他的跑腿功績在人類歷史上永垂不朽。

大約三十年前，我的岳父葉樹滋先生連任新竹縣芎林鄉三屆縣議員，聲譽極佳。其實，他既無很好的學經歷，只是小學程度的標準農夫，更無銀行存款，還得養活一大群幼小的兒女，但每逢選舉也不花一毛錢都能以最高票當選。原因很簡單，勤替人跑腿而已。只要鄉民有事央求，不論刮風下雨，或日正當中，他都二話不說，往外就跑，直到事情圓滿。

記得當時還不盛行機車，遑論計程車和私人轎車，他一出門要靠雙腿，下雨要撐傘，但他不拿人的車馬費，爲公忘私，有口皆碑。在任期內，給他跑出很多成績，例如竹林大橋，和一所工專……。

我旅居東京時，認識一位白手起家的老留學生。有一天，我請教他當初經商的資金怎麼籌集？誰知他也透露了「替人跑腿」的秘訣。當時，他一臉正經地的說：

「我那時候很窮，剛從大學畢業，算是很有文化，而許多老僑剛好沒有幾個知識份子，只知曉經營小飲食店和柏青哥店，忙著賺錢，對外面的事不太清楚，一旦要跟衙門或法院打交道，或稍微複雜的事，就驚慌來找我商洽，而我也義務替他們出點子，自掏腰包出去跑腿，直到解決問題，讓他們滿意，我也不拿他一毛錢的車馬費。表面上，我好像做傻瓜，既花時間、精力，又損失金錢。次數多了，他們都要回報，我說不必。直到我自己機緣成熟，開始創業時，他們都自動借錢給我週轉，不拿利息，這樣做起生意就靈活、方便多了。」

這段話給我很極深刻的啓示，領悟到跑腿布施的回報也不少。

我有過許多次在東京的遭遇都跟跑腿有關，那是日本人熱心跑腿才解救我的困境。因爲東京的大街小巷非常混亂又複雜，門牌號碼又不按正常排列，一個號碼好像有好幾家住户，若非附近居民與識途老馬，陌生人很難找到目的地。我有好幾次訪友探親，都到達目的地附近迷路，好像走入迷魂陣，不但找不到要找的目標，有時還回不到原路。在困惑之下，只好請教路人或眼前的住家了。

結果，他們不僅有問必答，詳細指點，如果路徑曲折，方位模糊，他們一定親自帶我走去，耗費不少時間，讓我很過意不去。說真的，這種義務帶人走路是純粹的熱心，對陌生人那有回報的盼望？如今過了幾十年，我都記在心裡，感激得很。

太空科技的寵兒——太空梭，不斷傳回外太空的訊息，幫人類搜集各種有價值的資料，扮演資訊傳遞的角色，只要不用在戰爭，何嘗不是一種跑腿布施。太空人在裡面埋頭作業，任務極重，功德亦大。誠如第一位太空英雄返回地球時，說了一句膾炙人口的話：

「在月球上走一小步，等於人類科技走一大步。」

這種小步大步，不就是雙腿跑出來的布施嗎？

二、聽　經

「一將功成萬骨枯」和「衆星拱月」的意思雖然不同，但明顯意謂一個人的成功，或飛黃騰達是由許多人襯托出來，而不是單獨闖出來，倘若沒有一群沈默者跟隨，怎能成就一位傑出的領袖呢？可惜，有些人功成名就，立刻沾沾自喜，不斷吹噓自己有多能幹，好像天生的英雄，而完全忘了周圍替他賣命、奉獻心力的部屬，所謂小人得志，當如是也。

然而，我卻非常敬佩佛光山星雲大師一段肺腑之言，每當中外人士讚嘆他當年隻身從大陸流浪到台灣，身無分文，也舉目無親，經過幾十年努力，竟能創建龐大的佛教王國，道場遍佈全球，真有非凡的智慧。誰知大師聽了反而謙稱自己的福報大，才能得到像慈莊、慈惠、慈容、心定……等一群得意徒衆的輔佐，同甘共苦，克服各種困難，始有今天的成就，不停地誇稱他們有說不盡的優點，而一點兒也不提自己，這一方面可以看出大師的慈悲和寬大的胸懷，另一方面也證明一個人的本事再大，還得有人來擁護。所以，佛光山的偉大成就，誠如大師所說，是靠無數信徒熱心布施的結果，而肯上山去聽經也是布施方式之一。

慈濟功德會也擁有百萬會員，成了國內一股巨大的清流，當然，這是證嚴法師在生活上落實慈悲喜捨，感動了他們的心，才肯滿懷恭敬心與歡喜心來追隨她成就慈濟的志業，但話又說回來，百萬會員都肯聆聽法師的教法，護持慈濟的每項計劃，也有無量功德。

從電視畫面上，我觀賞過慧律法師、聖嚴法師、妙蓮老和尚……等幾位高僧講經的場面，人山人海、座無虛席，我縱使沒有機會在現場，看了也十分歡喜，忍不住讚嘆聽眾們的功德，若非他們熱心來護持，很可能會讓說者缺乏信心，提不起勁兒，那麼，這樣對於宏揚佛法一定有負面的影響。記得洛杉磯草堂寺的今三法師透露：

「聽眾愈多讓我看了有信心，說得也會愈起勁。」

可見信徒的聽經捧場多麼重要，聽經除了能當場領悟法喜，也有鼓勵的功德。洗耳恭聽和滿懷恭敬，自然對於宏法者產生鼓舞作用，『大莊嚴經』記載聽經有八種功德：

㈠端正美好，㈡力勢強盛，㈢心悟通達，㈣得妙辯才，㈤得到禪定，㈥智慧明了，㈦捨去塵勞，㈧廣結善緣。

有一次，我聽台灣佛教青年會的淨耀法師說：

「學佛的步驟裡，我覺得『聞思修』的『聽聞』最有啓發作用……。」

沒錯，若缺乏正確指引，不聽大德的正確開示，很容易盲修瞎煉，最後若不走火入魔，也會一事無成。

『金剛經』說：「佛在給孤獨園跟一千二百五十位大比丘住在一起。」擁護佛陀的一千多位僧衆光是聽經就有功德，何況對自身修行，沐浴在佛的教誨下，更是千載難逢，因緣殊勝，令後代的佛教徒十分羨慕。

再說玄奘大師不辭艱辛，千里迢迢去印度，拜訪那爛陀寺聆聽戒賢長老講解『瑜伽師地論』；六祖惠能也曾遠離老母，隻身到黃梅山聆聽弘忍大師講『金剛經』，都是聽經布施的典範，若非如此，那能使佛法更豐富，更輝煌呢？還有半個世紀前，慈航法師講經於汐止，印順導師駐錫在新竹，也都有一群大德去聽經受教，讓佛法繼續傳承，才有今天興旺的學佛環境，再再證明「聞思修」的聽聞佛法，不僅是學佛第一步，也是布施的最好落實。

乍見報載一幅頗大的圖片，是證嚴法師勉勵一群國內的企業家，不要從事不健康、有害社會的生意……。我細讀聽講的名單，竟有國內頂尖企業的領袖，例如新光產物保險、聲寶電器、建弘電子等大公司董事長等一百多人，難得百忙中抽空來靜思精舍，參與兩天的「靜思生活」，聆聽法師的開示也是功德一件，不亞於錢財布施。

三、愛　語

人心隔肚皮，對方的話是否出自肺腑，或真情流露，實在很難猜到。不過，禮多人不怪，講話客氣又溫馨，嘴邊經常說：「對不起」、「謝謝你」、「很抱歉」，那麼，遊遍天下，也會受人歡迎。如果懂得佛法，便知這是愛語布施。在佛經裡，菩薩們常依眾生的根性，善言慰喻，讓對方起親愛心，之後踴躍來皈依，所以，愛語在人際關係裡能扮演正派角色，也是現代社會的最大特徵。

我僑居洛杉磯十幾年，發現中上階級的美國人嘴邊常掛有「謝謝你」、「對不起」，倘若該講的情況而不講，對方心裡會覺得奇怪：「到底怎麼回事呢？」不論上百貨店、郵局、銀行……等場所，辦完事情，一定會聽到對方說：「謝謝。」而一見面也會聽到：「你好嗎？」這些愛語會拉近雙方的疏離，讓人感受「見面三分情」。倘若不慣用愛語，我敢肯定他會失去人緣，陷入惡劣的人際關係裡，被別人背後指指點點，很不利於事業發展和生活情調。

日本人在這方面的表現，也是有口皆碑。例如以前我旅居東京，有一天清晨，我上街擠電車時，被人潮一推，不小心踩到一位年輕小姐的腳盤上，痛得她：「唉呀」一聲叫出來，我趕緊說兩聲：「對不起」，也向她點頭表示內心的歉意，誰知對方卻很親切地說道：

「是我的腳没放好，才讓你踩到了，請你原諒。」

這一說反而讓我不好意思。雖然，我不確定她的話是否出自肺腑，但是，日本人待人接物，上上下下，在生活每一細節都能活用愛語，凡是在日本住久的人也都能入境隨俗，被他們感化而逐漸文明起來。

例如，我有一位葉姓佛友在北海道住過十年，也娶了日本妻子，而今移居美國來，瞧他說話口氣，和見面招呼的方式都非常日本式，不但經常說那幾句愛語，連舉止態度也像，一起共餐時總不忘日本人那句：「我承受了。」飯後也說：「我享受豐盛的飯菜。」所以，他在中國人圈子裡以「待人有禮」出名。其實，我知道他學佛頗有心得，也會在行住坐臥間布施愛語。

還有我當年上東京各大百貨公司，即使没有向店裡買任何東西，空手步出時，都會在電梯間和大門前，目睹打扮入時，美麗大方的年輕女士，鞠躬微笑地說：「歡迎光臨」、「謝謝」、「請上去」，語氣毫無作假，說真的，這方面在國內似乎還差一大截。

有人說，愛語是商業社會的語言，生意人爲了討好顧客，員工爲了巴結老板，部屬想要攀緣上司，才需要說好話，其實言不由衷。反觀以前東歐、蘇俄和中國大陸等共產社會，難得用愛語，還不是社會穩定，日子過得蠻平靜，不管情況怎樣，活用豐富的語言資産，也是合情合理的。

以前，我還在竹東鎮康寧街跟人租房子，和房東一家共用廚房和浴室。有一次，我跟小兒共浴，當我躺在浴缸裡享受溫水時，兒子很調皮，竟爬上浴缸崩跳一陣，誰知那個剛買不到一個月的新浴缸，似乎是直錐底，也就是底部僅有小部份著地，當小兒不時在浴缸角上跳躍，說時遲，那時快，竟把浴缸角弄斷了，這一來，我非常爲難，也很懊悔没有事先防範。

事後只好向女房東實話實說，記得當她乍聞我的話，臉色難看極了，害我不待她先開口，便搶先一口氣連說幾聲：「真對不起」「真失敬」，也表示要金錢賠償，誰知她聽了我連聲道歉，臉色才慢慢緩和，之後，語氣也柔軟下來說：「不必賠啦，小孩子調皮不懂事。」

當時，我很清楚地發覺她是聽了我由衷的道歉才起善意的回應，否則，她不但會翻臉，也肯定會要我照價賠償，再買一個新浴缸賠她。

總之，隨時不忘讚嘆，總會讓人破涕爲笑，心花怒放，無形中解除僵硬與尷尬的局面，當真值得採用。

學佛的人不妨信受『法句經』一首偈：

「比丘抑制口，說賢慧語，不躁心，能解說意義和真理，所言柔和甘美。」

四、面　施

有一項研究很有意思，日本有一位中村教授從多次實驗中證明，人的「笑容」在幾種顯現的表情中最容易被別人正確辨認，也能讓人留下最深刻的印象，而且最能被人重新想起來。他說，當兩人分隔三十至四十五公尺遠，然後儘量去判斷對方的表情時，發現以「笑容」，特別是那種感覺幸福的「笑容」，最容易被人辨認出來，不論爲何而笑，懷有什麼企圖，只要目睹對方的笑容，等於受到知覺上的刺激，會連帶讓目睹者生起相當程度的快感或樂受。

所以，常常面帶笑容無異人際關係最好的潤滑劑。

這是現代心理科學的研究報告，可信度當然很高，殊不知『雜寶藏經』記述七種不要本錢的布施時，也早已提到這種不太被人注意的「面施」了。

說真的，如果不時表露一幅苦瓜臉，一定很難得人緣，縱使心腸再好，也容易遭人誤會，不是吃眼前虧，就是處處碰釘子，這時在苦惱中想笑也笑不出來。如果硬要裝笑，等於皮笑肉不笑的話，反而會增長皺紋，就更得不償失了。所以，面孔和靄，保持微笑，不僅是很容易的布施，也很容易收到立竿見影的回報。學佛的人實在值得嘗試，這種修行何須師父經常來叮嚀和指點？

許多年前，我還住在台北市永和鎮，每天上下班都要搭乘市內公車，常常聽人批評車掌小姐表現「晚娘」面孔，也許是事實，但若能設身處地替對方想一想，也知道她們有難處，倘若心不甘情不願地微笑，還不如面帶和靄，說話溫順，比較能發揮布施的功用。

自從學佛以來，我結識好多位大德，其中兩位高僧的笑容給我印象最深刻，記憶也最難忘。一位是十多年前在福嚴精舍的性梵法師，而另一位是佛光山的慈莊法師。他（她）們的笑容讓我一看，就像沐浴在春風中，有說不出的舒暢。

記得那次考試完畢，我正爲幾名學生不理想的成績滿肚子不高興，剛巧性梵法師迎面走來，笑容可掬的問我：「劉老師要回家了嗎？」我望著那副迷人慈祥的面孔，誠然無憂無慮，什麼事都看開的樣子，我也情不自禁地在刹那間被感化和感動，連忙還以微笑，所有不愉快也都消失了。

慈莊師父是有名的大好人，她一見人便先微笑的特點，正是她最大的標誌。例如每次看到我，不待我發話問訊，她便先發出歡喜的笑聲問我：「劉居士好久不見啦！近來好嗎？」害得我趕緊也笑臉相迎，連聲答好。

總之，慈莊師父的笑容是天生，也不是僞裝，而是她出自內心的布施，落實佛陀教示的明證。有時我在尋思，不相信她一輩子從來没有苦惱，但是，許多佛友們都讚嘆：「慈莊師父的確没有發過脾氣。」可見她的面施多麼徹底，多麼堅持！

我的寓所附近，不久前開了一家素食餐廳，我真佩服餐廳老板有獨到的生意眼光，不知從哪裡學到一種絕招，竟會在大門前放置一尊笑口常開的彌勒菩薩像。我每次進出都發現連路上行人也忍不住望著彌勒的笑臉迎人，發出小聲的讚嘆，露出受用的喜愛。

「臉上無瞋是供養，口裡無瞋出妙香。」把微笑布施給他人，等於給人溫暖，才是無上的供養。

證嚴法師說：「微笑是一種面相，皺眉也是一種面相；但是，微笑能解決問題，皺眉卻會緊鎖問題。」接著，她又說出一段經歷，證明臉上一笑，能夠解除多少債務，原來，有一對年輕夫婦，因爲替人作保，結果被人倒了債，致使債主天天上門逼債，害得那位年輕妻子見了面只有哭泣。有一天，這對年輕夫婦向證嚴法師訴苦了。法師告訴他們一段非常睿智的話：

「債主上門時，你們要內心平和地念觀世音菩薩，同時要面帶笑容，以佛菩薩的精神力量來加持你們，讓你們的心有堅定的人生意志。先將臉上的苦相解除，你若整天皺著眉頭，心情老是處於煩惱狀態，一聽到有人來，就面帶苦相開始憂愁，這一苦，你們就會失去冷靜和理智了，無法解決的問題，動不動就以死要脅，別人怎麼能接受呢？」

他們夫婦聽了，便打消自殺的念頭，開始以微笑迎接幸福，用笑容與債主說話了。果然很靈驗，債主跟他們理智地交換了意見，就答應他們：「你們好好去奮鬥，還錢的期限可以延後，能還多少算多少，不必勉强。」

微笑是人類的共同語言，放諸四海而皆準。面帶微笑、臉色溫和，也是人人可行的布施，倘若捨易求難，手高眼低，就會犯了「癡」字。

面對困境或碰到挫折時，不是繃緊著臉，滿肚子牢騷就能解決問題，不如以輕鬆心情，微笑面孔去面對，反而更能生出智慧，有助於難題的解決。

南加州一位馳名的華裔女作家吳玲瑤居士，在『佛光世紀』這本西來寺版的通訊裡，有一篇看似老生常談，極不起眼的短文—「微笑」，我一讀再讀，卻能得到非常受用。她說：「微笑是最小的投資，有最大的回收……它是最好的美容，化好妝最後都要加入一個微笑，才算全部完成。要妝點自己，微笑是最貴的化妝品。……。」我心想，所有女性讀到這裡，縱使不是佛教徒，也都會衷心同意她的話，殊不知這是她領悟佛理之後一段肺腑之言，可以擊掌，可以讚嘆。

老實說，微笑也是突破雙方情緒惡劣的最好手段，這種表情是無聲勝有聲，誰也能懂，連出生不久的嬰孩也能領會，這是溫暖的流露！

根據『聯燈會要』卷一記載，有一天，釋尊在靈鷲山登座，剛好在拈華默然之際，大家都不懂他的意思，只有迦葉尊者破顏微笑，引起佛陀馬上宣佈：「我有正法眼藏，涅槃妙心，實相無相，微法妙門，不立文字，教外別傳，付囑摩訶迦葉。」

學佛的人耳熟能詳拈花微笑，引伸爲兩心相通，既然這樣，雙方不但沒有惡意或不友善，反而有更加一層的善意交流，很容易結成知音了，這種布施縱使無心求報，也極自然有回報，推也推不掉。

美國人有一句家喻户曉的話，可見微笑會起極大作用，這句俗話是——「倘若你不曾看過自己的妻子對警察的微笑，你等於還沒有看過她最美的微笑。」

微笑不僅是無財布施，也是美麗善良的象徵。

怎樣生起淨信心

『金剛經』說：「只要有心持戒修福，讀了此經，便會明白各章各句的意義，而生信仰心……對諸佛種了不少善根，聽到此經章句，自然會生淨信心……可得無限福德。」

今年有兩位西藏高僧來台灣，向學佛的人說了一句非常有價值的修行心得——學佛要從理性入手，而不是從感性，否則，遇到誘惑與邪見，會抵抗不住，無法貫徹精進。我非常同意這句話，早在原始佛教時代，釋尊不是靠音樂、美術與畫像等慫恿人的感情，才讓他們生起信仰心，進入佛門。其實，那些東西是出現在大乘佛教以後。換句話說，佛陀一開始就强調智信，就是從理解來領悟，對生老病死的苦惱，既不去醜化，也不去美化。那是很嚴肅、很殘酷的現實，不論憎厭與否，都得面對它、超脫它，這一來，就非得用佛教的智慧不可了。

我在小學六年級讀『西遊記』，只知它是佛教小說，一切內容都是作者刻意的幻想編造出來的，除了欣賞曲折有趣的故事，也有一種深切的感觸，知道唐僧的意志、勇氣和毅力是驚人的，明知西天路遠，途中有無數妖怪，隨時有喪命危險，但仍舊勇往直前，絕不回頭走一步。待我學佛後，動筆譯完『唐玄奘留學記』，才更清楚了解玄奘大師真是一位高僧，整個生平是人類歷史的奇觀，而他非凡的勇氣、意志與毅力的泉源，正是『金剛經』這段話，即靠平時的持戒修行，對諸佛種下許多善根，領悟經句，對佛法生起崇高的淨信心。

還有更早年的東晉時代，有一位法顯的高僧，遲到六十歲才起程去印度，不說年齡是一大負擔和危險，路上無數難關也隨時會要他的命，但他依然不起退轉心，相反地，他那股崇高的淨信心，一樣來自『金剛經』這段敘述。若非這樣，一般再勇敢、再有毅力的壯漢也做不到。所以，對三寶懷有淨信心，才能生起非凡的力量。

別看出家人待在廟裡吃齋念佛，不貪戀人間富貴，尤其有不少大學畢業，或碩士博士，都是滿懷淨信心的大丈夫，非普通將相所擁有。若非這樣，恐怕在廟裡住不到幾天，就忍不住跑走了。

在『金剛經』裡，佛陀一再強調布施要不著相，不掛懷自己給人東西，也不在乎對方是誰，更別計較給他什麼，所謂三體皆空，才算真布施，也只有這樣才能生出淨信心，而不會執著色、聲、香、味、觸、法，應無所住而生其心的「心」，就是淨信心，否則，有了污染、執著、分別，就不清淨了。這也是凡夫與菩薩的根本差別。

幾天前，一位佛友向我談到一件經歷，我覺得機不可失，當場給他講解無相布施與清淨心的關聯。他說：

「那天我走到一條十字路口，遇見一個蓬頭垢面的流浪漢，伸手向我討錢，我看他可憐兮兮，一摸口袋有十塊錢，沒有其他零錢，只好掏出來給他，誰知他一拿到手，頭也不回就走了，當時我很生氣，十塊錢不少呀，怎麼連一聲謝謝也不說呢？太不禮貌，我真想向他拿回來。」

我笑著拍拍他的肩膀說：

「老兄要想清楚，表面上他沒有向你道謝很不禮貌，不近人情，可是，你要歡喜和感恩才對。」

「你這什麼話？」他馬上沈不住氣，滿臉不高興瞪著我，懷疑我怎會幫起沒有見過面的對方說話呢？

「那是一次因緣湊巧，因爲你那天剛好走路，也走到那裡碰到他，身上也有十塊錢，才給你有機會種福田，將來可以得福報。若你不信，明天再走去那個十字路口，看能不能再碰見他？口袋再有沒有十塊錢？你能布施，表示自己有能力，若你不領悟這個因緣，而一直在意他的一聲謝謝，等於你的心住於聲，有我相和人相，就不算清淨心，也是有相布施。」我解釋給他聽了。

他聽了才笑一笑說：「有道理。」

我有一位女鄰居在慈濟當義工，平時在家當少奶奶，難得她肯去勞力布施，不在意那些作業髒不髒，已經算很感人。誰知她有一次生病住院，躺了好幾天，病癒出院馬上向我埋怨：

「慈濟的義工朋友真不夠意思，我平時熱心去幫忙他們，一旦我有了病，也沒有人來看我，連電話也不問一聲，想起來我就氣餒，以後不想去當義工了。」

我也趁機開示她說：

「當義工要有歡喜心和感恩心，能有俱足的機緣才有機會當義工，種福田，做布施，若要求特權和讚嘆，等於交換條件，這樣不能生出淨信心，依舊是凡夫，不能當菩薩。」

她聽了點頭稱是，坦述自己糊塗，以後照做義工，果然歡歡喜喜利用假日，從不說辛苦，連她先生也覺得奇怪，怎會幹得比以前更起勁。我在尋思，這位女芳鄰一定滿懷淨信心啦，否則，不會有這樣不尋常的表現。

兩年來，我每逢週日都上菩提寺聽張居士講『阿含經』，一天，他以感性的話說：

「在台灣，每場有人出價五千元，讓我回去講經，我都沒去，我在這兒講卻不收一毛錢。」

佛友們聽了面露微笑，欣逢這位對三寶懷有淨信心，而不執著那邊有錢人邀請的善知識，當真是發心布施和殊勝因緣。

還有一位吳姓佛友住在我的寓所近處，經營一家雜貨店，整天進進出出，忙得不可開交，誰知每逢假日和夜晚，他就執筆譯經，寫佛書，尤其令人感動的是，還自掏腰包，寄回台灣出版後船運回來，到處分贈朋友結緣，有人勸他何不收些工本費，何苦奉獻太多，在美國謀生不易啊！但聽他很灑脱地答道：

「只要一想到有五十個人肯讀我的書，其中若有五位讀者讀完後能受用，肯來學佛，那麼，我的心血就没有白費啦！」

別人也許不明究竟，只有我才洞悉他的動機和無怨無悔的菩薩心腸，完全出在他平時虔誠學佛，誦讀經文有相當領悟，所生起的淨信心。

最後，請學佛的人再三誦讀『金剛經』那句經文：

「不應住色聲香味觸法生心，應無所住，而生其心。」

淨信心正是這樣來的呀！

善根要珍惜，劣根不作賤

『金剛經』說：「要知道這人不是對於一佛、二佛、三四五佛種下善根，而是早已對無數位佛種下了許多善根……。」

記得許多佛陀傳上說，釋迦族那位王子一出生便站在地上，眼觀四方，腳行七步，發出莊嚴的獅子吼：

「一切天、人中以我最殊勝，這是我來到人間的最後一次，以後再也不來了。但是，我要渡盡衆生，遠離生死苦海。」

即使撇開這段似神話或奇蹟不談，光從他出家成道的因緣裡，可見他這個人不僅聰明而已，必然還有得天獨厚的秉賦；如果相信佛法，悟解三世因果的話，便知他的根性淵源於阿賴耶識，亦在幾世輪迴裡修持得來，就是善惡兩業加減以後，善力傾向超强，才會降臨人間不久，便拋家棄子去修行，直到證悟佛果。換句話說，悉達多王子從出家修行到成佛的動力之一，便是生生世世累積而成的强大善力傾向，也就是佛友們耳熟能詳的「善根」了。

難怪經典上說：「佛以一大因緣出世」，意指他成佛作祖不是偶然，完全是因緣俱足，即時機和條件搭配恰當的必然結果，當然大善根是其中的主要條件，只有不明佛理的人，才會直呼奇蹟，茫然無知。

若非這樣，自古以來，有過多少人目睹親友和陌生者生老病死的慘狀，也無動於衷，不像悉達多王子那樣產生不尋常的反應，可見他的善根非同小可了。

孟子說：「人性本善」，荀子持相反意見：「人性本惡」，也有人說：「不善不惡，中性才對。」如從佛教的觀點說，每個人的天性不盡相同，也都會有多少善惡成份；如果善的成份多於惡，便屬性善，相反就是性惡。那麼，善根當然指生命種子中的善力較强或特强，强大到什麼程度，端視他在無數次輪迴中有過多少善業善報，像悉達多王子的善根顯然累積了無數世，才成就超級善根，真正不可思議，永遠令人讚嘆。

凡是樂意親近善知識，或一聽善法，便歡喜雀躍，正是善根示現，光有善根而無機緣配合，仍屬因緣不俱足，不能成就佛果。因爲善行有世間與出世間兩種，凡肯奉行孝、悌、忠、信、禮、義、廉、恥，做一個大好人，便是世間善知識，即使無佛緣，也能做得到。若肯持戒，再修行定與慧，發大願、行菩薩道，就是出世間的善業，惟有聞到佛理、信受奉行。

佛書上說，舍利弗、目犍連……等許多佛弟子，沒有親近佛陀以前，也在苦行摸索，甚至在外道身邊，一旦機會來了，便馬上懸崖勒馬，沐浴法喜，這也是他們都有大善根，否則，仍然是外道，聞到佛法也枉然。

佛教徒莫不頂禮六祖惠能有大善根，五祖一聽他答話，便誇獎他：「這個獦獠的根性太好了。」意指他有大善根，才會傳衣鉢給他。大善根是修行佛道的大資本，加上精進和佛緣，肯定可以得道。

佛學辭典上說，產生各種善法的根本，即是善根。例如無貪、無瞋、無癡叫做三善根，它們都在一心中俱足可得，能通六識，以及有漏、無漏，與一切善心相應俱起，成爲諸善的根本。依『大毘婆娑論』上說，善根能得生善、養善、增善、長善、持善和廣佈善法，真是太棒了。

我搬到哈崗市以來，常去西來寺，結緣不少佛友，其中一位加州大學的留學生姓許，一天夜晚突然來電話，聲音如泣如訴，把我嚇一大跳，聽他苦苦央求：

「劉居士，不論如何請你要原諒我，若你不答應，我會很痛苦。」

我納悶極了，怎麼啦？左思右想，也不知他何故需要我原諒？查詢之下，他才說：

「因爲我在別人面前說你的壞話……。」

唉呀！小事一樁，何足掛齒呢？我馬上意識到他的純粹可愛，現在這個年頭，哪個頂尖大學的留學生不趾高氣揚？怎會把這個無德無能的人看在眼裡？除非他有大善根，肯修持善口業。果然不久，他拿到了碩士學位後，便到一家寺廟去出家。阿彌陀佛，我由衷地祝他早日修成正果。

有一天，法印寺來了一位大德——林世敏居士，我偕同兩位鄰居去聽經，但是，他們兩人對佛教缺乏正確的認識，充其量道聽塗說而已。聽完後，我關心地問他們：

「有什麼心得？」

不料，兩人的回答南轅北轍，表情各異。A君坦率地說：

「我聽了就想打呵睡，沒什麼興趣，下次不來啦。」

B君卻很雀躍地回答：「我聽得好開心，內心的苦惱都沒了，如果他講兩小時，我也會聽下去。」

半年後，B君果然到菩提寺皈依照初法師，成了熱心的大護法，正是大善根的榜樣，也是他前世今生的因緣俱足，才有眼前的表現。

如果不提善惡的價值觀，那麼，我對於根性特強，或種性極優的任何種子，都非常喜歡，非常關照。例如我寓所門前的紅磚圍牆下，有一道小小裂縫，暗藏許多微塵和牆外的草木種子，那是掃把所不能到的死角，不知從何時起，居然在裡面長出一株健壯的嫩苗，幹勁十足的樣子，正是生命力旺盛的象徵，我便猛然想起佛陀的話——「萬物皆有佛性」。這顆可愛堅强的生命力，不就是佛性的示現嗎？學佛的人豈可視而不見，沒有任何領悟？

談完善根，大家會聯想到惡根、惡性或劣根。例如有人説：「這人惡性重大。」「他天生不是好東西。」「他的劣根性難改」，可知大家早有了惡性、惡根和劣根的共識。若站在三世因果的立場上看，惡根也罷、劣根也罷，都淵源於阿賴耶識在歷次輪迴中，惡業大於善業的果報，再經由娘胎到人間。

表面上，若知他天生不是善類，那麼，與其讓他來到人間爲害，成爲大魔頭，像希特勒、史達林那樣殺人如麻，不如早日捏死算啦，其實沒那回事，佛教是活的，絶對不呆板，反而强調後天有太多機會可以造善業，變惡性或劣根爲良性與善根，除非他作賤自己不去做，失掉好機緣。

凡是讀過『了凡四訓』的人，都知道他就是活見證。所以，若有誰還自嘆天生有惡性或劣根而不改，可是一個大白癡，因爲他也能洗心換面，重新塑造一個大善根，同樣可以證到菩提，登上幸福的彼岸啊！

方便教說非究竟

「我所說的一切佛法，就像渡河的竹筏一樣，到了對岸都要丟掉，那不是眞的，況且外道邪說，人云亦云更不足取，全部要丟棄它。」

記得『西遊記』共有一百回，倒數第二回有一小段真有意思。那是唐僧師徒四人到了靈山腳下，一條河橫在眼前，幸好有一位接引佛祖搖著一條無底船出現，待他們一到對岸，搖槳者和船隻都忽然失蹤了。意指那條船只用來接引他們，純粹是渡河的工具，渡了河不要也罷。倘若他們扛著船上靈山，不被佛祖嘲笑「傻瓜」才怪呢！

學佛的人可以從這裡領悟一項啓示，即佛陀說八萬四千法門，也彷佛八萬四千條船，每條船都能渡衆生，但要自己去選擇最適合自己那一條才行。原因是，每個人輕重胖瘦、力氣大小不一樣，故要選擇自己最適用的船，不然不易搖到對岸。但是，大家過了河都要毅然把船丟棄，不要執著它！

說得更明白些，三藏十二部的內容豐富，真要全部讀完和讀通不容易，那也只是佛陀的方便教法，舉一反三而已。有些甚至重複解說，旨在適應千差萬別的天下衆生。說穿了不外三法印、四聖諦和八正道等，一旦理解，證了涅槃，那麼，還要執取這些教法幹嘛？果真如此，那是他的愚癡，因爲執著不破，不會真正入涅槃。

『法華經』上說：「若微若著，若權若實，皆爲佛道而作筌蹄。」「筌」是捕魚工具，而「蹄」是捕兔的網，意指都是達到目的的工具。換句話說，所有經典、論述、言語、禪坐、公案等，無非是引導修行人進入佛境的道具，只要達到佛境，即可捨棄，留也無用。

有一次，佛陀向弟子們講解因果律，徒衆說懂得了，也看到了。於是，佛陀說：「既然明白就好，但若還貪戀它、玩賞它、珍藏它、執取它，那麼還沒有了解我所有的教誡，它們彷佛一條木筏，只用來渡河，而不是供人執取。」這段話出在『中阿含經』。

另外，佛陀也解釋這則譬喻：「這條法好像一條渡河用的木筏，不是供人執迷，扛在肩膀上。……比丘們啊，你們若知我的教誡像木筏，就該明白好的東西（教法）尚應捨棄，何況不好的東西（非法）呢？」

所謂不好的東西，意謂邪魔外道，道聽塗說等要趕緊扔掉。

關於這一點，佛陀又做了以下補述：譬如有人在這邊處處危機，而河的對岸很安全。可惜既無船、又無橋，他只好採集草木枝葉，做木筏，靠手腳之力搖到對岸。這時，他心想：「這隻木筏幫我太大的忙，使我安全到了對岸，何不將它頂在頭上，或揹著走。」

佛說這是不對的，反之，應將筏拖到沙灘上，或停泊某處，任它浮著，之後我走我的路，管它木筏怎樣。

顯然，我們也得到啓示，學習佛法，旨在享有安全、和平、快樂與寧靜的涅槃，而不是滿足好奇心與求知慾。

放眼四顧，大家忙著辛苦掙錢，只有錢才能付房租、買柴米、養兒育女、出外旅行……，一旦擁有或達到生活無憂的目的，還需要太執迷錢財嗎？錢不是用來累積、炫耀、好看或傳給子孫，當然剩下的不必丟棄，但可以用來布施，積德，造善業，利人利己。然而，許多人不這樣做，亦不這樣想，執意多多益善，出國時洋相出盡，成了沒有教養的台灣暴發户，甚至爲富不仁的例子，也不勝枚舉，真正誤解錢的功能與價值。

有一次，洛城西來寺一位年輕女法師不經心透露：

「外人都說我們佛光山有錢，其實比我們更有錢的台灣寺廟多得是，我們負債幾千萬，每月利息負擔上百萬，我們常把一塊錢當十塊錢用……。」

這就對啦，出家人要用錢來宏法和起碼的生活費，社會上有太多善行義舉都得用錢，出家人不熱衷參與，難道一直存在銀行生利息？我聽過一名吳姓異教徒譏笑說：「國內有好幾間寺廟的銀行存款上億元，平時沒做什麼事，在台灣蓋廟比開工廠還有錢賺，還要穩當。」

果真如此，無疑昧於「錢」是利益衆生的工具，更彷佛搖船過河之後，還把船扛在肩上走得叫苦呻吟一樣，愚癡透頂。

洛城草堂寺的大護法李居士，每年幾次風塵僕僕來回加州與台灣，熱心為一群學佛人講經解惑，指點生活的迷津。有一次，他在草堂寺接見我們夫妻造訪，同時聽他笑說國內罕見的例子。他說：

「台灣有很多人什麼都有了，有家庭、有事業、有錢財，生活真正無憂，年年出國旅遊還不開心，精神苦惱得很，不知人生要怎樣定位？不時愁眉苦臉，我就開示他們：『你們的錢是從社會裡賺來的，因緣俱足又有福報，而今什麼都有了，就要回饋社會，可以肯定自己的存在，表示自己曾在人生扮演過善良角色，不然，有錢擁抱到死，統統成了廢物，留給子孫也許害了他們。』他們聽了很歡喜，一聽到我回去，都爭相請我去他家吃住，好開心喔！」

哇！李居士擅用佛理開示「錢財」為生活的工具，落實「無畏」布施，功德不小！

同理，國家的外匯存底突破千億美元，若不有智慧地用來改善生活品質，豐富文化內涵，强化軟體建設……，而存在銀行不知所措，成了守財奴，那就冤枉和不幸了。

所有論說，有形相、有文字和有作為等，所謂佛教者，都是正法上的細節，猶如樹幹的枝葉，悟道的助緣，藉它們來啓發天下蒼生，才權名叫佛教。般若真性，原本就真空無相，佛法不代表實相，實相的本來是湛然寂靜，故無所謂佛法。總之，它旨在啓發世人生起誠信、除去妄心、誘人去惡遷善，也就是明心具性，領悟真理，這樣便算功德圓滿了。

我用花生作譬喻，外殼是花生的保護體，渾成一物，不能分離，若真要吃到花生，嚐到甜味芳香，就得剝去外殼，既然嚐到花生的甜美，當然可以丟棄外殼。學佛何嘗不是這樣？別說方便教說可以休矣，所有外道邪見，也不值一談；應該好好領悟：「法尚應捨，何況非法」的『金剛經』教喻才對。

說也奇怪，美國麻省理工學院一位哲學教授史密斯，是不折不扣的基督徒，他卻有豁達的胸襟和不凡的見解。他在『人類的宗教』一書裡，也洞悉佛教的精諦。他說：

「佛教的大乘、小乘就是大筏、小筏，甚至修行的規律如八正道，和專門術語如大悲咒、淨土、禪坐……以及莊嚴的僧團與寺廟等，在渡河的時候都十分重要。一旦抵達對岸，這些便全然沒有關係了……到對岸繼續深入內地，不只竹筏、船隻，連河流也會從視線中消失了。」

好精闢的見解，但不懂他怎麼還不快來學佛呢!?也許他陷入知識論裡打轉亦說不定。

沒錯，佛教是渡越生死苦海的一種乘具，它要將世人從世間的貪婪、無明、愛慾的生死沈淪下，載運到以智慧解脫煩惱束縛的遼闊彼岸。所以，有些人爭論什麼宗、什麼派，其實統統是載運工具。

不消說，學佛的人正搭乘竹筏木船，逐漸航行到苦海中央，環顧左右，水流湍急，詭譎萬狀，自己的船筏雖然很堅固，也要靠精進與驚濤駭浪搏鬥，在險象叢生中，一定要立下三項宏願：

㈠、皈依佛：佛陀既然完成了他的旅程，便證明我也能。
㈡、皈依法：法是引渡的乘具，既然已把生命交付這條船了，深信它靠得住。
㈢、皈依僧：開悟的僧伽或聖者，是駕船的舵手，可以信賴他。

佛門的三寶，絶對能讓佛友們平安抵達彼岸，一定要相信不疑、堅持到底。

緣起性空，不落兩邊

「金剛經」說：「佛所說的法是眞如法性的法，既不可執迷爲『有』，也不可誤以爲『無』……非法與非非法。」

顯然，這是緣起性空，不執著「有」，也不執著「無」，一切看因緣來決定，佛性本來真空，不要依表相而定是非和有無。換句話說，不要有分別心，學佛的人千萬要警覺。

說真的，分別心是世人最常見的錯誤，環視周遭，不時看見某甲跟某乙為某事爭得面紅耳赤，公說公有理，婆說婆有理，差一點兒就要動武，誰也不肯冷靜思考，反省真理在哪邊？總是執迷己見，才常導致悲劇的產生。

六祖惠能初上黃梅山，五祖問他從哪裡來？他說嶺南新州，五祖戲說：「你是獦獠呀，怎配成佛呢？」幸好惠能胸有成竹，當下便說：「人有南北，佛性卻沒有，獦獠與你和尚有何不同？」真是有智慧的答覆，若非悟解佛理，懂得因緣，怎會有此機智？沒錯，南方人與北方人一樣有清淨的菩提種，能不能成長開花，在乎有沒有栽培灌溉，也許眼前忽視，但不能說永遠忽視，不去栽培，所以不能起分別心。獦獠的佛種不比大和尚差，可以等價齊觀，生命尊嚴亦復如此，每當我讀到『六祖壇經』這段問答，就忍不住敬佩那位一字不識的樵夫，竟能答得一針見血，完全正確，我實在艷羨他那得天獨厚的善根。

美國社會的族裔少說有一百種，若從表相來看，當然千差萬別，各族群各方面都不相同，但那不能表示彼此的生命價值有什麼差異？只是長期的歷史文化、地理環境、氣候水土、生活飲食……等諸多因素所造成，才有外表的明顯異樣，殊不知白人的菩提種子跟黑人的一樣大小，東方人的生命與佛性，亦跟中東人同樣輕重。只有大家完全平等，不要厚此薄彼，才能締造祥和圓滿的社會生活。換句話說，不要有分別心。倘若不能領悟這個因緣，任由邪見主導一切，那麼，社會的悲劇肯定難免。可惜，人類歷史有太多悲劇出自這種錯誤的分別心。

前不久，美國俄州發生一次空前大爆炸，死了一百六十幾人，震驚全國上下，與論大轟動。之後，一位報社記者打州際電話問洛城菩提寺的照初法師對這事有何看法？法師馬上答話：

「你們何不去非洲看每天死了多少人？中東爆炸死了多少人？」

據說對方總算很識趣、很明理，當下領悟照初法師的話中有話，就是不要執迷美國人的生命才值錢，別人的生命不屑一顧，意謂美國人對生命的分別心和價值觀太懸殊、太離譜。接著，法師又給對方講解因緣和合的佛理，讓他受用一番，也算好事一樁。

那天清晨，我陪一夥南美洲來的親友參訪西來寺，其間，一位讀高中的男孩目睹一尊莊嚴的大觀音像，似有所感，指著菩薩像說：

「這尊觀音菩薩像好高大、好莊嚴，比我家鄉小廟那尊又矮又小的觀音像，感覺上不一樣，小觀音不如大觀音偉大，也不如他靈驗……。」

我一聽就知道他著了相，起了大小的分別心，趕緊教示他觀音像的大小有一定比率，別從像的大小產生分別意識，其實，哪裡的觀音菩薩都是大慈大悲，聞聲救苦，只要一聽到六道輪迴的任何衆生發出求救聲音，不論他是誰，或在哪一道，菩薩都一視同仁，趕緊去搭救……。

布施尤其不能存有分別心，喜歡誰就布施多些，不喜歡就少布施，甚至連看也不看；有些人愛上大廟，而不愛去小廟；有些廟會刻意攀緣富貴人家，而冷落窮人窮户，都是分別意識在作祟，完全忽視了因緣果報。

我常常想，凡過了五十歲的人，都已經看盡人間百態，飽嘗失意落魄被人奚落，成功順利被人喝彩的冷暖經驗，這是冷酷的社會現實，中外都一樣，處處流露世人的有色眼光，但誰又能避免，誰又不會這樣？只有悟解佛教的因緣智慧，才能減少和出離。成功失敗，悲歡離合不會永遠久住，眼前春風得意的人，一旦成功的因緣散滅，馬上變成落水狗，甚至成了人人喊打的過街老鼠。反之，別小看面前一個窮小子，只要那天俱足勤奮、誠實和福報等好因緣，也會飛黃騰達。總之，一切看因緣，既非這樣，也不是那樣，就是緣起性空的智慧。

每到選舉時期，每位候選人出盡花招，高喊同鄉、同宗、同黨、同學、同一族群……，希望看在某一點相同的份上投他一票，但我從來不這樣看，我既不執著什麼「同」，但也不討厭非「同」，例如非同宗、非同學或非同一省籍，只要他肯從善如流，關心選民，不抄地皮，不貪污……，我一樣投他的票。同樣地，我也不以爲眼前的壞人，會是永遠的壞人。有一天他也會成就大好人，做出大好事，只要得到善知識開導的因緣。所以，我盡量不對任何人起分別心，不執著誰是大好人，誰是大壞蛋。

依照佛教的分析，人有眼、鼻、耳、舌、身、意等六根，會對環境事象生出感觸的精神作用，而凡夫尤其會生起愛染，執迷不捨，以致有了分別心。例如美色當前，會百看不厭；若有醜態呈現，則視而不見，打從心底起厭憎，這樣是有色眼光，分別意識。倘若領悟因緣的佛理，便知美醜無常，再豐盈的姿態也會衰退，而醜婦若有豐富的營養，也會成美女，所謂三分靠姿色，七分靠打扮。所以，真正的優美端莊不在肉眼的美醜，落入任何一邊都不對……。同理，我們的耳、鼻、舌、身、意等感觸，都在取表相，讓人起顛倒，都不正確，不是廬山真面目。

說真的，世間的分別心出在一個「比」字，人一出生就被大人拿來比胖瘦、比性別、比美醜、比膚色，之後比高矮、比智愚；上學後又比學校好壞，比成績優劣，婚後拿妻子或丈夫跟對方的配偶做比，例如地位高低，財產多少，文化水平，即使不當面談，也會暗中做比較，到了耄耋之年，也要跟同齡人比健康，比誰看起來年輕……一輩子活在比較中，若要不存分別心，只有先除掉「比」字，因爲「比」字是苦根，非常要不得。

再說有人執意顯教比密教好，南傳佛教比北傳佛教逼真，才是純粹的佛教，也有人爭執大乘佛法以慈悲爲本，才是真正佛陀本懷，而不似小乘教徒只求自己解脫，有背佛陀的理念……其實，執著任何一邊都不對，若真懂得佛理，肯定沒有這些分別心，反正都以釋尊爲教祖，以他四十年的言行教喻爲主導，哪有誰好誰不好？誰真誰假？誰慈悲誰不慈悲的差別存在呢？

請學佛的人誦讀『金剛經』一句話：

「菩提法是平等的，不分人的高低，彼此一樣，才叫做無上正等正覺。」

「三千大千世界」觀

『金剛經』說：「三千大千世界的所有微塵可算多嗎？」

記得我初讀佛經的「三千大千世界」，覺得很迷惑，以爲是玄學的形容詞，實無所指，都不太理會它，但讀多了才知道是佛教的宇宙觀。無奈，我學社會科學很多年，太空知識反而膚淺，對錯或詳情不能判知，只會暗忖佛陀當年什麼科學研究工具都沒有，古代天文知識當然粗淺，縱使提到宇宙現象，充其量憑想像，而當初的人想像又跟現代人不研究的想像有何差別，彼此彼此，不可能真正深入理解宇宙的奧秘才對。於是，我一直半信半疑，不去深思，也無從考證，最多查閱一下佛學辭典而已。說真的，當初對這方面的確如此，没有太多心得。

直到有一天，我住在竹東鎮的鄰居來了一位貴客，是新竹清大的李教授，不但是留美回國的太空物理學家，也剛巧是佛教徒，彼此聊天時，我忽然心血來潮，問他三千大千世界怎樣解釋？誰知不問猶可，一問便聽他先嘆了一口氣，臉色馬上嚴肅起來，直把我嚇一大跳。我趕緊問他：

「怎麼啦？」

李教授答道：「老實說，我所以成爲虔誠的佛教徒，亦是三千大千世界這個因緣促成的……」

這一來，我更加好奇！忍不住催促他說：「你快說嘛！」

李教授開始臉色凝重地說：

「我的本行是太空物理，第一次在一家廟裡聽一位年輕法師解說三千大千世界，便特別留心聽，心想他的太空知識當然不可能比我强，只會依照經文解說給信徒聽。其間，他只說佛教宇宙觀的原理是成、住、壞、空和因緣和合。所謂三千大千世界與三千小千世界等無限佛土，即是無限大的時與空；其實，這正是今天太空的真相與學理。雖然佛經上没有明白的公式數據，那也是因緣的化合化生，瞬息無常，才没有固定的數字公式。這跟現在美國太空總署的最新報告，和專家論點很接近。光是這樣就把我驚服了。佛陀當初怎會理解這樣清楚呢？真是不可思議的智慧，至今我仍在疑惑，但從那以後，我對佛教更加相信。也許我跟別人不太一樣，完全是專業知識指引我信佛學佛。」

當時，李教授這段吐露也給我更多鼓舞，深喜自己佛緣殊勝，信仰選擇完全正確。原因是，當年學佛風氣低落，仍然被人半信半疑，不似今天這樣熱絡，若是留學回來的知識份子喜愛佛理，不時會聽到親友們擔心地規勸：「信一點就好，不要信太多。」真是豈有此理，令我啼笑皆非。

記憶裡，『華嚴經』說：「三千大千世界，以無量因緣，乃成大地，依於水輪風輪空輪……。」若依佛學辭典的解釋，三千大千世界以須彌山爲中心，周圍環繞四大洲及九山八海，稱作一小世界。這一小世界以一千爲集，才形成一個小千世界；一千個小千世界集成中千世界，一千個中千世界集成大千世界，而這大千世界因由小、中、大三種世界所集成，才叫做三千大千世界。這是佛理的正統解釋，但在修行體驗裡，三千世界等於佛所教化的領域，所以又叫做一佛國。

學佛的人知道凡夫當下一念之中，便具足三千世界的諸法性相，誠如『摩訶止觀』上說：「一心具十法界，一法界又具百法界，而一界具足三十種世間，百法界具三千種世間，此三千存在一念心，若無心而已，介爾有心即具三千。」

我們日夜所起的一念心，必定屬於十法界中的某一法界，例如殺生就與瞋恚相應，等於地獄界，若與貪慾相應，便是餓鬼界。這樣看來，高僧大德心境一定非比尋常，層次遠比我們凡夫要深邃多了，時刻都與人倫道德相呼應，縱使不到真如佛界，也是最高的人間界。

總之，世間一切都是唯心所造，千變萬化從心而起，只看我們是迷是悟，若是前者，那麼，心裡連一微塵、一芥子也放不下；若屬後者，一切看得開，心裡包容萬象，連三千大千世界也能容納。那種感受如沐春風，凡事都看順眼，飄然在三千大千世界，一切境隨心轉……。

由迷轉悟完全要靠自己可能比較難些，若因緣湊巧，欣逢善知識指點迷津，會事半功倍。當下一念，彷彿擁抱三千大千世界，春風得意，不在話下。以下的例子就是活見證，非常值得學佛的人反省。

我有一位大學同窗，家住豐原市，經營陶器工廠，在當地算是首富之家。十幾年前，經過父母兄弟的同意，就攜家帶眷來美國舊金山成立分公司，打算開拓外銷，事實上生意很難做，加上語言不是短期間能夠克服，所以，業務在幾年間連續虧本，不得已只好攜眷回台灣。這一來，他的兄弟們和親友鄰居都在譏笑他：「在美國虧空跑回來，當初不如不去。」他聽了很難受，為了表現給人看，他獨資在家鄉又開一間工廠，日夜籌劃，誰知目前台灣的商場商情完全變了，工人成本都比出國時漲了好多倍，結果不到三年工廠又虧掉，這一來，可畏的人言不斷前來，講得非常難聽，他簡直承受不了，甚至身體也出現疾病。

剛好有一天，我們在一家超級市場碰面，多年不見，相見甚歡，當然可想而知。於是，我們坐在一家餐廳，聽他細述眼前的苦悶。最後，他說了一句很傷感的話：

「美國這樣大，台灣也這樣大，都没有我立足之地。好像哪裡都是地獄，到處碰見餓鬼。唉，唉……。」一連嘆了兩聲「唉」，垂頭喪氣的樣子，證明他內心没有一點兒愉快，可說快要發瘋了。

我看了於心不忍，就設法開導他，我問他：

「你有没有向銀行或私人借錢?意思是有没有負債？」

「那倒没有。」他馬上回答。

我緊接著問他：「你想不想出馬競選什麼頭銜或民意代表呢？」

「我對那些一向没有興趣。」他堅決地說著，同時一直在搖頭。

「那就好辦。」我這樣安慰他：「你既不欠人的錢，又不需要求助於人，看人臉色過日子，生活可以安定，那就什麼都不用愁，別人愛怎麼說，就隨他們怎麼說，反正嘴巴是他們的，你也管不著。老實說，看在佛教徒眼裡，他們惡言惡語，不僅缺德造惡業，日後也必有惡報。問題是你自己一定要有這種認知，心不要隨境在轉，才不會受到傷害，千萬要領悟這項道理，何況現在生意難做，在美國虧空跑回來的人太多啦，甚至比你更慘呢……比上不足，比下有餘，想開一點嘛。」

這是老生常談，没有什麼高深的佛理，不料，對方聽了喜形於色，不停地說：

「有道理，有道理。」

最後分手時，我給他一句臨別贈言，正是佛教的智慧：「心不要被外境所轉，自然擁有三千大千世界，否則，即使家財萬貫，裝設堂皇，也等於住在地獄。」

果然一週後，他從台灣家裡打電話到洛城給我，語氣興奮，一開口就先向我道謝說：

「謝謝你，還是你說得對，我什麼都不必外求，已經是有福報，倘若不知珍惜，只聽外人譏笑就傷痛，未免太傻了，還是你老兄有智慧……。」

當下一悟，心念一轉，頓然海闊天空，三千大千世界的美麗春光呈現在眼前，不一定要僵硬地思索須彌山外的大山大海，如果執迷不悟，縱使那裡一片大好，也可望不可及，跟你毫不相干，學佛的人應該這樣領悟才好。

最後，請誦讀慈濟證嚴法師的一句法語：

「執迷不悟時，煩惱隨之，如雲蔽月；轉迷成悟時，菩提隨之，雲消見月。」

後一句正是三千大千世界擁抱在心頭。

豈可不莊嚴佛土？

『金剛經』說：「如來説莊嚴佛土者，即非莊嚴佛土，是名莊嚴佛土。」

且說「莊嚴佛土」，我想人生在世有兩塊佛土要不停地清掃莊嚴。一塊是外在的山河大地、自然奇觀，或社會人間，生活層面；另一塊是內在的心靈世界，千變萬化，還要適當調節。前者是住相，放眼望去、清清楚楚；而後者是無相，內心妄念計較，貪婪雜念……。目前，這兩塊佛土都太骯髒了，以下就是世界不莊嚴、生活不莊嚴和心境不莊嚴所引起的後遺症，學佛的人要多加思考和警覺。

據說二十世紀初葉，人類都憧憬「進步史觀」，認爲應該無止境追求進步，似乎以物質生活爲目標，希望趕緊脱離貧困，故有所謂已開發、開發中和未開發等口號，來區分一個國家或社會的等級。最具體的是，用國民生產毛額、國民所得、消費量等數學來衡量，結果，自然低估，甚至忽視了精神生活。

我不禁尋思，像這樣單方面追求經濟成長和物質消費等數字，到底對不對呢？例如台灣的經濟成長舉世聞名，錢多到淹腳目，吃喝奢侈，玩樂無奇不有。倘若不認真檢討，還一味追求類似的進步數字，後果會怎樣呢？我有一點兒寒心。

我讀過兩次報載，某家研究機構調查亞洲各國國民的快樂情形，結果出人意料，經濟成長最先進，物質消費最可觀的日本人最不快樂，亞洲四小龍的台灣和南韓居次，反而是菲律賓和印尼人活得最開心。

這個給我很大的啓示，苦苦追求物質享受，電器設備，金錢收入都已如願；也住得美侖美奐，吃穿不用愁；何以不會最快樂呢？果真如此，那又何苦來哉？倘若還不懸崖勒馬，冷靜反省，無異走火入魔，自掘墳墓了。

没錯，物質進步也表示一種成就，但若肆無忌憚砍伐森林、破壞生態；污染空氣和水土，而引發各種文明病，這些代價對人類的幸福實在是負面的，繼續下去也能代表進步嗎？追求這樣生活有何意義呢？據悉先進社會的自殺率，包括老中青少年都有，一直居高不下，反觀未開發和開發中社會很罕見，真是值得玩味和深思。

例如，一段日本報載很有意思，近年經濟不景氣反而給他們一次嚴肅與冷靜的反省契機。若非這樣，他們會一直沈迷在高度進步下，每天拚命作業、拚命撈錢，不惜過勞死，反正都在追求最高成長數字，爲公司營運，爲家庭與個人所得，也爲享受付出……都表示一種成就。

若不這樣，等於人生失去意義和目的。但若站在學佛人的觀點來看，這是世俗性的生活觀與生命觀，也可說是一種邪見了。

幸好，經濟蕭條也開始讓部份日本人清醒些了，因爲有越來越多的日本人，不再以豐富的物質享受爲滿足，反而追求比較簡單的生活習慣與精神內涵，也就是由有形轉爲無形的享受，生活重心放在「節制，重質不重量和精神滿足」的指標。

例如，有一位名叫中村的家庭，除了夫婦外，還有兩個孩子，家裡應有盡有——轎車、新型電冰箱和洗衣機，每個房間都放電視機，兩架高級音響，一架錄影機，一部電腦和文字處理機。

本來，在他們的計畫裡，若非如此不景氣，他們還想買一棟依山面水的中級別墅，想要更寬坦的生活空間，而今他們眼見銀行存款不斷減少，雖然還不會影響到日常開支的程度，但卻令他們忽然冷靜起來，也開始自省以往的人生觀有沒有不對勁？要不要扭轉生活態度，或還像昔日那樣想買什麼就買什麼？沒有用壞也拋棄，反正一味趕時髦就對啦？

結果，這位中村先生思考了一陣子，忽然有所覺悟，有意無意間決定尋根，便著手挖掘江户時代的生活方式，盼望用那時的藝術、文化來更換和豐富自己的精神生活了。有了這個轉變，他便有點兒懊悔以往揮金如土的消費習性，也對五花八門的電器化設備倒盡胃口，反而慶幸不景氣賜予自己一次覺悟，終於懂得去找尋另一個人生的內在世界，想從中找到歡喜與滿足，而不再像以往只愛外界而不知有內在，只想追求物慾，而忽略人生還有更寬大、更優美的精神領域和靈性空間。

我又讀到日本朝日新聞說，那年日本人最熱衷「清貧思想」，這方面的書洛陽紙貴，書裡除了推崇江戶時代的畫家、學者和和尚，也不斷催促日本人不要再盲目追求物慾，應該返璞歸真，重新擁抱單純生活的傳統價值才好。

據我所知，日本江戶是極富朝氣的時代，人和大自然和諧相處，只利用太陽能發電、以蔬菜油烹調，所有東西都用到真正和完全壞了爲止，甚至有些還複製使用，決不像今天那樣奢侈浪費。人民知道從單純、少慾和知足中找快樂，並擁有不比今天差的精神生活。因爲現代人一生忙碌，無暇反思，表面上賺錢，耕耘和享受，其實那有自在、逍遙和安樂呢？這樣的日子值得嗎？明智嗎？

寫到這兒，我想起『法句譬喻經』有一則故事，佛陀有一天發現五名修行人住在深山，每天忙著下山托鉢，化完緣又趕上山，既很辛苦，又不能精進道行。於是，佛陀開示他們，別太貪求物慾，眷戀外在生活，應該安心過簡樸的日子。

這也使我想起現代幾位大德的德業如此卓越，也都有過叢林生活的歷煉，例如印順導師、星雲大師、證嚴法師、真華法師……等人的修持記錄，我讀了再讀，感動得說不出話。因爲他們都不貪戀外面的花花世界，反而熱心觀照內在豐富的領域，傾聽心靈的幽谷梵音，才能成就今天的法門龍象，讓許多人頂禮。

再說外在不莊嚴，就是內心有問題，如『淨土論』說：「備諸珍寶性，具足妙莊嚴。」內心貪婪計較、瞋恨愚癡，呈現出來就是一副醜惡相，而這種人所作所爲怎能莊嚴周遭的世界呢？

到處濫砍濫伐，破壞大自然，還有社會上人欲横流，充滿殘殺和暴力……，所以，學佛要先莊嚴自己的內心那塊佛土，把它清掃乾淨、美化裝飾，之後才能莊嚴外在佛土，也就是自己立足的地球，生活的社區，而不要執著那個遙遠的西方佛土！

般若波羅蜜

『金剛經說』：「佛陀說般若波羅蜜，即非般若波羅蜜，是名若波羅蜜。」

般若波羅蜜是佛教徒耳熟能詳的佛學名詞，簡譯為智慧到彼岸。般若譯作智慧，那是開悟的關鍵，重要性對於學佛的人非比尋常，所以叫它「諸佛之母」，遠比其他波羅蜜都要受重視，有道是「學佛在開智」，就是要開發這種智慧。

佛友們想修菩薩行，就要落實六項波羅蜜——布施、持戒、忍辱、精進、禪定和般若等，別看般若放在最後，殊不知它是成佛作祖的關鍵，若沒有智慧，就不能證悟成道。

經典上說，觀照諸法實相，窮盡一切智慧的邊際，使人能從生死的此岸到涅槃的彼岸，這種菩薩智慧就是般若智慧了，聲聞和緣覺雖有了一些，無奈，他們只求快證涅槃，不窮追智慧的邊際，不能圓滿成就，也就不能得到般若智慧，只有菩薩求一切智，最後到彼岸，才具足般若智慧。成佛時，這種波羅蜜可以轉為一切種智。當然，聲聞、辟支佛沒有，遑論凡夫乎！

那麼，怎樣修行般若波羅蜜呢?諸經列舉許多方法，但也不外修習八正道和其他五項波羅蜜，才能悟解一切事物的實相，那就是因緣無常，或緣起性空。如懂這個，才能顯示智慧。否則，再有學識、地位、財富和權勢，也只是凡夫一個，苦惱無窮。

現在，國內的高學歷群大約佔總人口的三個百分點，比例之高居全球第三位，僅次於美、澳兩地。也許有人懷疑有這麼多人受高等教育，且義務教育比例也極高，怎不見社會有更文明、更和諧的生活呢?反而到處縱情肆慾，亂象叢生，被外人譏爲暴發户，住在豬舍也不在意，到底原因何在呢?原來知識或文憑，不等於智慧的證明。即使一般人常說「智慧」一詞，文字相同，涵義絶不等於佛教的般若智慧。毋寧說，兩者南轅北轍，差別太大了。

例如報載「智慧型犯」，完全是指犯人狡滑、奸詐、狠毒和惡性手法很高明，讓辦案警察傷透腦筋，充其量可以說聰明，或知識成份高，但不宜用高貴的「智慧」一詞。否則，會誤導思想單純的青少年，錯把他們當作模倣對象，結果會造出惡口業?而那種業報絶對不能等閒。

還有教育學上的智商高低，也不等於般若智慧的多少，前者縱使表現在學術研究和處理問題方面，但不表示智商較高者，必有較清淨與安寧的心境，而這方面的獲得只有靠學佛修行了。

例如，近年來國內各方面變化太大，正是言論和思考都很自由的社會。尤其到了選舉季節，各黨各派的學者精英，紛紛在自己的傳播媒體坦述意見，乍讀下，似乎都很動聽，言之有理，而作者都學富五車，也有極醒目的社會地位，然而看在學佛人眼裡，很容易發現他們的心態與寫作動機，太缺少智慧成份，無非是個人和集團的名聞利養，昧於昔日因緣散滅，現實條件不一樣，眼前結果也自然不同，怎能執迷當年的得意風光？

因緣每時每刻都在變，現實的客觀條件亦然，即使當初千真萬確的方法，也絕對不能再適合現在的新環境，那麼，怎能抓住它不放手？而且硬要落實於今天？果真如此，套用佛教的話，還是執迷不悟，標準的愚癡。

即使再精彩、再長篇的內容，再熱誠、再衝動的理念，也都少了「智慧」，充其量是一堆舊知識，閉門造車，反而容易成爲誤人誤己的邪見，這種東西不要也罷。

近日國際上有一件轟動的新聞，日本奥姆教派造成社會的大問題，讓許多日本人詫異：「怎會有國立大學的優秀學者參與呢？」殊不知滿肚子墨水的人，如果缺少般若智慧，也容易扮演惡知識的社會角色，別說利益衆生。誠如上述的例證，人人都可以察覺和批判才對。

回憶在讀書時代，我也的確接觸過不少天資卓越的同學，再難的題目都難不倒他，有時連老師都前來請教，還有些藝術天才的作品，也不比老師遜色，後來求學和事業也能一帆風順，可是幾十年下來，看他們的生活和處世，也沒什麼智慧表現，不是煩惱這個，便是憎怨那個，那有灑脫愉快的日子？正如陳履安先生那位曾經出家的公子——見安法師，有一次嘆息：「哈佛的同學們，忙著追求名利，痛若不堪，雖然都家財萬貫，職位顯赫，也不免於人間的苦惱……。」

這就是凡夫啊！跟才智學問有何相干呢？原因正是昧於因緣，不知無常，始終看不破，放不開名聞利養的緣故，嗚呼哀哉，何苦這樣呢？

如果細讀早期佛教史，會發現佛陀剛出家修行時，印度社會就有出名的六師外道，學問和修行層次都很高，可惜不究竟、不圓滿，原因也是缺少智慧，沒有般若。例如，有一件很感人的事，當時那爛陀城有一名富裕的居士叫優婆離，本是耆那教主尼乾若提子的在家弟子，有一天，他奉師命要去跟佛陀辯論因果業報的問題，他企圖駁倒佛陀，誰知一場辯論之後，他發覺還是自己不如佛陀，原因不外缺少智慧。

結果，他反而央求佛陀收他做弟子了，這可說明般若智慧所以爲「諸佛之母」，不是吹噓之言。

許多大德們都習慣向初學佛的人坦述自己的經驗，無疑十分珍貴。大體上說，六度波羅蜜不能脱節，如按運作來説，布施是行功，持戒爲佛規，忍辱即降心，精進是願力，禪定即守性，般若等於實信。若不肯布施、持戒、忍辱和精進，就等於不守戒，行住坐卧容易混亂，這樣怎能定下心來?整天胡思亂想，任由貪瞋癡去操縱，結果會產生智慧嗎?說明白些，這完全是違反八正道的原則，若長此下去，不說成佛作祖是緣木求魚，反而讓自己煩惱無窮了。

若不信，不妨恭讀廣欽老和尚一段開示：

「修行要修到有智慧，什麼事碰到都會，講話也要知道怎麼說才圓滿，自己站穩了，別人也歡喜接受，也不造業，故我們要養慈悲心，修菩薩行。」

總之，修般若就是這樣，說難也不難，唯誠唯恒而已，敬請佛友們歡喜奉行，功德無量。

面相─性格─德行

『金剛經』說：「如來說三十二相，即是非相、是名三十二相。」

記得幼時在鄉下看平安戲，目睹戲台上的演員臉色五花八門、奇奇怪怪，我非常迷惑，心想古人怎麼長成這個樣子？臉色怎會不同於現代人？例如，婦孺皆知的紅臉關公，或滿臉白色的曹操。似乎經過了很長時間，我才聽到大人們說，古人的臉色跟現代人彷彿，演戲則用不同臉色代表那個角色的個性……，然而，世人千差萬別，所謂一種米養出百種人，還有天下每個人都長相不同，怎能用如此單純顏色刻意畫在臉上，不論怎樣調配樣式，豈能完全表現某人的思想、性格、做人態度和德行？當然不可能，只是略微顯示，聊勝於無罷了。

不過，這件事卻讓我得到啓示，就是相貌多少也能顯示本人的性格、行爲和品德，而有些人特別明顯，讓人一看，就能判知他是善類或歹徒，所謂滿臉凶相，全身邪氣，正是非善類的特徵，反之，氣質高雅、雍容華貴，也能從臉上或言行舉止判知一二，可是，現代人狡猾多了，懂得各種僞裝，用衣飾、言語來掩飾自己的缺陷，表現自己是好人，這的確是一件麻煩的事。

早期我總以爲算命看相，以貌取人，太過玄虛，完全是江湖術士混飯吃的名堂，所以不屑一顧，等到後來經歷多了，才覺得如果真有研究，從面相判斷人的性格或運氣並非全屬虛無，也許有些根據。其實，有些心理學家也强調人格特質跟相貌，或外表形象有關係。從此我才稍微相信相貌亦是人品判斷的線索之一，而這方面也似乎是古今中外都有的習俗。

依我猜，有些公司取才用人要面試，恐怕也多少要看相貌，尤其經辦外務，長相好壞給人第一印象，不能說毫無影響。

還有小說家描寫人物，都會先研究他(她)的個性、行爲、品德和思想模式等，之後用文筆盡量描述，讓虛構的人跟現實的人完全配合，才能感動讀者。

例如，羅貫中筆下的關雲長是：「面如重棗，唇若塗脂，丹鳳臉，臥蠶眉，相貌堂堂，威風凜凜。」藉此刻畫關公是光明忠義，有大將之風；張飛是：「豹頭環眼，燕頷虎鬚，聲若巨雷，勢如奔馬。」讀者可以判斷他是一個好漢，血性男兒；而孔明是：「面如冠玉……飄飄然有神仙之概。」從此判知孔明雖然身在人間，卻有出塵之概，而且有些修行。

最有意思的是孫權：「碧眼紫鬚，堂堂一表。」難怪機智的孔明一看便知：「此人相貌非常，只可激，不可說。」真正懂得見面行事，隨機應變的秘訣。

總之，長相跟人們的品行、爲人和某種程度的思想模式有些關係，恐怕大家不會否認。

我讀佛陀傳很注意這一點，當然，人的長相都會變化，除了年齡的因素，也應跟生活環境，及事業類別有極大的牽連。

就常情來說，釋迦太子剛生下來，也許跟一般小孩一樣，都是白白胖胖，十分可愛，或者說相好圓滿，讓人歡喜，但依佛書上說，一位婆羅門僧侶對看相有特殊心得，能憑人的相貌和聲音，斷定人的一生禍福，在當時印度有頗高的聲譽。當他看了太子的相貌，不禁雀躍地說：

「相貌太好了，所有天人的特點全都在他身上具備了。這不是尋常孩子，相貌富貴是我以前不曾看過的。長大後如在世俗執掌國政，必將成爲大一統的轉輪聖王；如果出家修道，可成就無上正覺的三界導師。」

當然，這是太子藉父母因緣生下後的相貌，圓滿純潔，沒有經過教育訓練和修行經歷，最天真不過了。

後來，一位隱居雪山的阿私陀仙也來看相，據說他先有預兆，知道釋迦族淨飯王生下不尋常的男孩，才特地前來探訪。他看了太子的相貌，起初只覺靈秀異常，不是凡人，誰知看仔細之後，竟忍不住大哭一場，害得國王趕快問他，到底相貌特徵是不是吉祥？阿私陀仙說：

「太子的相貌圓滿有福德，特別是眼睛閃耀著慈悲和智慧的光芒，長大後會成就無上正覺。可惜我年紀太大，不能看見太子的正覺，才忍不住悲傷。」

二十九年後，悉達多太子出家了，先修苦行，每天只吃一粒米、或一粒豆、一顆芝麻、一杯水，甚至斷食十日，到底是血肉身軀，很快便面色憔悴，全身乾枯，像槁木一般形骸，肋骨突出，靜脈條條浮起，雙眼深深凹入，毛髮散亂，簡直不像人。不消說，苦行生活的相貌正是如此，不要說讓人歡喜，恐怕不嚇人一大跳才怪哩！

六年苦修仍然不能開悟，便毅然拋棄這種生活方式。後來到菩提樹下禪坐，經過若干時日，終於大徹大悟，也曾作七七日的思惟，享受解脫的法樂。之後，他決定要宏揚真理，首先要去鹿野苑度那曾經陪隨自己苦行的五位比丘。半路上，一位苦行外道優婆迦目睹佛陀的相好莊嚴，不禁驚訝萬分，即請教佛陀說：

「世人被情慾繫縛，顯得浮躁輕動，而你的相好端莊，舉止雅靜，看見你的慈容，我也覺得安定起來，心裡很歡喜。你信仰什麼宗教？老師是誰？」

身心解脫的佛陀，自然流露有修養的莊嚴相貌。

佛書上說，鹿野苑五位比丘本來誤會佛陀忍不住苦行，而不想理睬他。誰知看到佛陀走近，容光煥發，氣宇非凡，態度安詳，威儀嚴肅，竟不自覺起立向佛頂禮了。『般若經』上說，如來有容貌好相十二種，手足好相十種，身體好相十種。其實，這些都是佛陀內心的德行表現於外，才有這樣令人敬愛的好相。就般若實相無相的道理來說，並沒有真實的三十二相，只是俗人看了如來相好俱足。

相貌是佛德的表現，即實際的德行，而不是相，因爲德行無形，不能叫出名稱，惟有用相來取名了。

誠如『金剛經』所說：

「如來不可以在具足三十二相中得見，爲什麼呢？如來說這俱足三十二相，彷彿金做的獅子，不是真獅子，但有名稱而已。」

因此，莊嚴的色身，彷彿明鏡中像，其實沒有，只有這個名稱。學佛的人一定要牢記法身無形，色身有相，不要靠色身隨形好上，才能見到法身如來，說來說去，就是只要法相執著才是關鍵。

依照印度習俗，若具三十二種相好，在家可做轉輪王，出家可證無上正覺，做三界尊師，而佛陀便具有三十二相。不妨把三十二相詳述於下：

㈠足安平相（足心肉平滿）　㈡千輻輪相（足有輻輪網紋）

㈢手指纖長相　㈣手足柔軟相

(五)手足縵網相
(六)足跟滿足相
(七)足趺高好相
(八)腨如鹿王相
(九)手過膝相
(十)馬陰藏相
(十一)身縱廣相
(十二)毛孔生青色相
(十三)身毛上靡相
(十四)身金色相
(十五)身光面各一丈相
(十六)皮膚細滑相
(十七)七處平滿相
(十八)兩腋滿相
(十九)身如獅子相
(廿)身端直相
(廿一)肩平滿相
(廿二)四十齒相
(廿三)齒白齊密相
(廿四)齒牙白潔相
(廿五)頰車如獅子相
(廿六)咽中津液得上味相
(廿七)廣長舌相
(廿八)梵音深遠相
(廿九)眼色如維青相
(卅)眼睫如牛王相
(卅一)眉間白毫相
(卅二)頂肉髻成相

再說這些相好不是天生的，而是修行成功。例如「玉不琢不成器」，古代磨鏡也一樣，若不經一番琢磨，就顯不出鏡子的亮光。彷彿愈高明的藝術品，愈經過一番心血投入，琢磨工夫愈多。

既然人人皆有智慧德相，如果不努力清除層層遮蔽的貪瞋癡，那麼，就顯不出真如本性，若要驅除內心的貪瞋癡，只有修行、修行、再修行。

星雲大師說得好：

「自古以來多少高僧大德都是從苦行中磨練出來……自古沒有天生的釋迦，也沒有自然的彌勒。一個人要有成就，必須精進不懈，要明心見性，必須認真修行。」

乍聞有人自稱活佛或上師，不知他們有過多少修行，顯現哪些相好？若無，還是不要妄稱，以免凸顯自己的增上慢。

名師出高徒

『金剛經』說：「我現在親聽佛陀說這樣的經典，不覺得很難信解受持，倒是如來滅後五百年裡，若有衆生聽到此經也能深信了解，樂意奉行，那才是世間最罕見的人了。」

乍讀這一句，不禁想起『法句經』上說：「得生人道難，生得壽終難，得聞正法難，遇佛出世難。」可見須菩提的佛緣太好，也太有福報了。因爲他能突破這「四難」，得以在佛陀身邊，親耳聽到法語，真令後世的佛教徒艷羨極了。

佛經常說「佛以一大事因緣出世」，在六道輪迴裡，須菩提也彷佛盲龜浮木出生人間已經不容易，結果又能皈依佛陀，當面受教，這不是一大造化嗎？

若依三世因果的教理，顯然是他在前幾輩子修來的福份，因緣成熟，一有疑難，可得佛陀當面教示，且有問必答，答必詳盡，這樣開悟就比較容易，足證他遠比後世的人更有福報。

不僅須菩提一個人，其他所有能夠當場聽到佛法的衆生也一樣有福報，這種機緣何等難得，其他人都尚未證到佛果，只止於阿羅漢，不能究竟真理，有些疑難回答不夠圓滿，不能皆大歡喜。好像阿闍世王殺父囚母，罪大惡極，之後百般悔恨，生了一場身心煎熬出來的怪病，天下名醫也醫不好，十分苦惱。幸虧有一位耆婆誘導他去見佛陀，果然在大慈大悲的開示下，才解除身心的苦痛。若非這樣，肯定他會悔恨而死，這是佛教徒耳熟能詳的佛經故事。

最令人感動的是，佛陀八十歲那年帶著病體來到拘尸那城，躺在娑羅雙樹下快要涅槃時，竟有一位年高一百二十歲，名聞遐邇的婆羅門賢哲，名叫須跋陀羅，由於長年無法體悟真理，乍聞佛陀能爲人解答所有疑問，便特地趕來請教，由於時間太晚，加上佛陀身體疲乏，阿難不願爲他引見，不料，被佛陀聽到後，仍舊慈悲地接見他，講解八正道、四聖諦。須跋陀羅聽了，立即解除心中疑惑，並成爲佛陀最後所度的弟子。

讀到這裡，誰不羨慕這位老婆羅門福報大，趕得上佛陀涅槃前的最後一刻，恭聽得到三界導師的開示。據說他當場證了阿羅漢果，且在佛陀面前，比佛先入涅槃，不過，他一生也算值得了。

別說遇到佛住世很不容易，需要有福報因緣，即使後代人能親聞當代大德的開示也算有福，像達摩、五祖、六祖身邊的徒衆，經常沐浴法喜亦是三生有幸。縱使活在同一時代，如果缺乏求智若渴的精神，不去訪師學道，也等於對面不相識，平白失去求教的機會，那就是自己的不對，白活一輩子了。

『華嚴經』的善財童子迢迢千里，慕名拜訪五十三位善知識，請教究竟解脫的秘訣，正是學佛人的榜樣。玄奘大師也是千辛萬苦，冒著生命危險去印度聆聽戒賢長老講解師地瑜伽論，在那爛寺整整待了五年，之後到處拜訪名師，例如，親近勝軍居士，聽講唯識選擇論、成無畏論、十二因緣等，不願錯失任何學習的機會，正是「朝聞道，夕死可也」的追求真理的態度。

廣欽老和尚駐錫台北土城承天寺時，慕名前訪，以及專誠去請教的善男信女，一年到頭絡繹不絕，實在值得擊掌、值得肯定，所謂「聽師一夕話，勝讀十年書」，若蒙高僧大德一句指點，的確比自己暗中摸索，盲修瞎練有益得多。

中國佛教史上膾炙人口的「慧可安心」，便是最好例子，二祖慧可爲了向達摩祖師求悟，寧可跪在雪堆過夜，並自斷一臂表示誠意與決心。

還有日本一位道元禪師渡海來中國，走過大江南北，尋訪名師，最後到天龍山親近如淨禪師，才能身心脱落，悟到禪機，他有一句名言：

「此時尋師訪道，有梯山航海。尋道師，求知識，從天降下也。」

意謂世上有良師，但要登門求教，不畏辛苦才行。

武俠小說最重視：「名師出高徒」，只有在名師親自教導下，不必浪費許多摸索的時間，反能直接得到教益，學到最高武技，最後出乎其類，拔乎其萃，也不在話下。

做人處世也一樣，若能直接得自高人指點最好，不然，間接仿效他的風範義行，信受他的成功格言也不妨，反正有樣學樣，才不虛此生。讀書時代爭著考名校，無非嚮往該校設備好，和某科的權威教授，透過名師指導，可以豐富自己的學識；至於將來是否有成，涉及因素複雜，倒不一定能如願以償。

回憶我的大學時代，適值中西文化論戰在文星雜誌熱烈地展開，西化派大將居浩然教授的聲望如日中天，幸在大三那年，居教授留英返國來教授社會思想史，每週幾堂聽他那精闢的見解，實在讓我茅塞頓開，如沐春風的感受終身難忘。例如長期留在內心的一知半解，和囫圇吞棗的道聽塗說，被他三言兩語破解得一乾二淨，思想得到新的境界。有一次，他笑著說：

「你們只會記憶亂七八糟的東西，成了甲等壞頭腦，我也花了不少工夫幫你們清除。」

沒錯，在白色恐怖時代，談論社會學極易被誤解爲社會主義者，或馬克斯主義的信徒，言詞批論要相當謹慎，否則會有危險，除非有極大道德勇氣的老師，本著知識份子傳授真理的良知，才肯替學生批判哪些是神話、訓詞、口號和教條？而哪些才是真知灼見。若非受益這種教師，肯定拿到大學文憑，也等於埋葬了自己寶貴的理解力、批判力和剖析力，結果冤枉一輩子。明知這樣，但在那時候的那種環境，除了感嘆生不逢辰，良師難遇，夫復何言？

居教授也曾透露自己久慕社會學巨匠索羅金之名，於是排除萬難，前往美國哈佛進修；之後也曾走訪英國牛津和劍橋，求教哲學大師羅素，無非想聽大師級人物的卓見，精進自己。這段肺腑的吐露給我很大的鼓舞，領悟名符其實的良師知見，實在不同凡響。

我服完了預官役，有機會去日本深造，即使平時工作忙碌，也從不缺席旁聽東大社會學者日高六郎教授的課，聽他那滔滔不絕的新理念和豐富的新知識，實在獲益頗多。

返國後，我很快譯出他那本『現代社會學』爲學弟們分享，旨在證明大師級學者的真才實學，絕對不同於偶像崇拜下的一大堆訓詞，而後者誤盡蒼生，不讀也罷。

我僑居洛城悠悠十載，平時憂慮事業，忙碌生活，但一有空閒，絕對不忘訪師學佛，希望早日開悟。

其間，除了幸會星雲大師和西來寺幾位大德，也有極好因緣得識印海、超定和照初幾位洛城的高僧，當時聽到開示，彷彿醐醍灌頂，十分受用，而這也是我移居美國最珍貴的收穫，真正體悟到生命的學問。

現代的資訊發達，看似十分可喜，但也要小心判斷，因爲好壞參半，其中邪見不少，若非大德的法語開示，便容易被人云亦云所誤導，這一來，不僅浪費時間和精力，也怕涉入歧途太深，後果堪憂，這方面值得學佛的人三思奉行。

最後，奉勸佛友們信受佛陀的教偈：

「過失知過失，無過知無過，懷此正見者，衆生趨善趣。」（『法句經』三一九）

忍辱波羅蜜

『金剛經』說：「忍辱波羅蜜，如來說非忍辱波羅蜜，是名忍辱波羅蜜。」

讀完上述的歌利王故事，難免令人驚心動魄，肯定會暗忖：「誰能忍耐到這種程度呢？被人一刀一刀削掉四肢還不瞋恨對方，真是忍耐到極限，凡夫做不到……。」倘若理解佛法，就不難明白那位忍辱仙人有幾種理由做得到：

第一，他領悟了三世因果，既然前生有虧於他，那麼，定業難逃，因果自負，今生相遇只好乖乖的忍辱，還有什麼好恨呢？

第二，明知這個歌利王殘忍成性，不可能勸得動他，與其白費口舌，乾脆任他宰割，也藉機感動他，當作一次逆增上緣，來實踐自覺覺他的心願，才能忍人之所不能忍。

第三，忍辱仙人深知歌利王起了嫉妒，也就不執著身體，被他宰割時才不起瞋恨心。倘若瞋念一升起，種下憎恨的因，以後必有果報。這一來，雙方生生死死，報來報去，就會永無休止。

一般人遭人咒罵會忍不住氣，在於有「你」與「我」的分別心，如果領悟他罵了我，等於罵到自己，太没有教養，只有這樣想才不會生氣。不論持那一種理由，都是很高層次的忍辱行，都要有菩薩心腸，而非帝王將相做得到。

『法華經』有一則膾炙人口的常不輕菩薩，也是勤修忍辱行的大德。他不論碰到誰都稱讚和禮拜說：「我非常尊敬你們，你們都有修行菩薩道，和成佛的本性。」可惜誰也不領情，反而嘲笑、咒罵他，甚至拿石頭丟他，用杖木要打他，而他一點兒也不瞋怒，還口口聲聲誇獎對方，這樣忍辱負重，修行一輩子。

寫到這裡，也許有人說只有宗教家心懷慈悲，實踐博愛的理念才能這樣忍辱，放眼人間，被人欺侮而不生瞋恨有可能嗎？其實不盡然，類似的活見證也不勝枚舉，只是大家平時不太理會自己身邊有忍辱行的人罷了。

我想起二十多年前，僑居日本多年的企業家邱永漢先生，率領日本中小企業投資考察團首次回台灣，想帶動台灣經濟早日起飛，他滿懷熱忱，而且用心良苦；不料，國內有許多人都罵他說：「怎麼帶日本人來賺台灣人的錢呢？」要是一般人聽了肯定心灰意冷，打了退堂鼓，但我記得他講了一句很睿智的話：

「我在三十年前去日本，除了手持一把傘，幾乎兩手空空，而今我的財富近乎天文數字，但也没有一個日本人說我來賺他們的錢，因為財富是共同創造出來的，不是誰搶誰的……愈是有人譏笑、咒罵我，我愈要把新時代的新經營觀念帶回來。」

顯然，他很同情許多國人的落伍和無知，他忍辱負重，不理會別人的指責，毅然回國創建不少企業。

我住在新竹鄉下時，鄰居有一位陳姓漢子在附近一家木器廠做工，聽說做了十幾年沒有跳槽，而他的同事們紛紛離去，原因是老板的脾氣很壞，動不動惡言惡語，待遇也普通而已。離去的員工倒不是純粹爲了追求較高待遇，而是受不了老板的壞脾氣。雖然陳姓鄰居待了許多年，成了老幹部，老板也不時對他破口大罵。有一次，我好奇地問他爲什麼不離開？誰知他聽了反而笑一笑說：

「我的老板脾氣壞，說話没修養，可說人人皆知，但是，我覺得他的心地善良，有話當面講，做錯當面罵，不顧人的面子，其實想通了也没什麼，世間誰没有缺點呢？因爲我這樣一想，就忍得下來。別人都誇獎我有修養，没錯，他罵他的，我做我該做的，聽久了彷彿蚊子叮在牛角上……。」

說完又聽他一陣哈哈，笑得那樣爽朗和輕鬆，完全没有瞋恨與怨憎對方的表情，我服了他能用理智來解釋不愉快的遭遇，也能以寬忍心諒解對方的缺失。這不是平凡中的偉大嗎？不是忍辱行的好風範嗎？況且，他也不是什麼宗教家啊！

我有一位晚輩親戚，比我年輕約二十歲，自幼家境非常貧寒，兄弟姊妹很多。他排行老大，生性頑皮，每次跟人爭吵，都會被對方的家人譏笑說：「窮人家子弟没教養，將來一定當流氓……。」

因爲我的住所離他家不遠，很了解他的家境和個性，每當聽到別人這樣咒罵他，雖然不很了解他的心理反應，但也猜想得到滋味不好受。誰知人生的境遇變化多端，自從我離家到台北求學，接著當兵和出國。返國後也一直待在北部就業，就極少再見到那位親戚；有一年，我偶然在南下的火車上相遇，雙方歡喜地交談很多話。他說現在當了公司董事長，工廠員工上百人，也在桃園鬧街買幾棟大樓。

總之，他變成很成功的企業家，當我問他發跡的經過時，他只約略談了一些，反而很感嘆自己所以能在貧困中奮起，由工人到老板，有這股堅强的意志，卻來自童年屢次被人侮辱的記憶，和許多難聽的話。

往事如煙，前塵似夢，他反而感激那些經歷，一點兒也不嗔恨當初許多輕蔑和譏笑他的人，只聽他語重心長地吐露：

「幸虧有那種惡劣的環境和壞話，讓我深深感受不表現給人看，就會真的被人看扁啦，全家都會被人瞧不起，一想到這裡，我就咬著牙根苦幹。唉，任何事業都不簡單，只有堅强的意志最重要。」

乍聽下好像老生常談，有說教的意味，殊不知倒讓我佩服他能化侮辱爲力量，視它為考驗自我的寶貴契機，向遠大目標奮鬥不息，而這也是忍辱成功的例證。

依照經典的解說，忍辱含有不忿怒、不結怨、心不懷惡意三種行相。在佛教强調十種善行裡，忍辱行是其中之一，意謂忍受各種侮辱和惱害，也不起瞋恨心。

佛教大德吳靜宇居士對「忍」字解釋很透徹，很值得引述。他說：

「忍」字的正解有兩種：一是外面能忍受辛、勞、痛、苦、毀叫「身忍」，而內心不生怨、恨、惱、怒、煩者叫「心忍」。在忍辱波羅蜜中，「心忍」重於「身忍」。即使能「身忍」而不能「心忍」時，便不能真忍辱，反之也一樣。只有身心兩忍兼行，才算落實忍辱波羅蜜。

說真的，「心忍」是無形，而「身忍」為有形，有形事小，無形事大，依照常情來說，「心忍」比較難。

且聽另一位大德廣欽老和尚的開示說：

「要修忍辱啊！忍是修行的根本，若不能忍，便徒具出家人的外表，不要常以為自己做的都對，這樣便不能修心……受到別人攻擊或批評，我們當忍受，即使被人冤枉，也得忍受，還要感到慶幸和感激人家。」

有一次，我聽了加州大學專攻教育的心見法師說：

「忍辱波羅蜜不是說我要忍辱，也不要覺得唉呀我正在忍辱，不斷壓抑自己，這樣有著相，而是要『不覺得』對境，才是真忍辱，這一來，聽到人家罵你，也不覺得人家在罵自己。反正自己對，別人硬說你不對，也要向人懺悔，這就叫做修行呀！」

有道是人生不如意十之八、九，不論當總統、董事長、或有錢有勢的人家，也有必須忍辱的時候，只是不必爲三餐看人臉色，但是，他們也有他們的苦衷，甚至有苦難言，不輕易吐露。他們覺得旁人不理解，說了也沒用。

總之，忍辱不僅是修行菩薩道的大德目，即使不學佛，反正活在世間，人與人相處，都要用到這門學問，而且得從小開始學，也要活到老學到老。

有人說年老比較看得開，不會生氣，那正是忍辱的工夫修到家啦！

佛眼最殊勝

『金剛經』說：「如來有肉眼……天眼……慧眼……法眼……佛眼。」

我們常說「眼睛長在頭頂上」，或「眼睛是雪亮」，這對眼睛純指凡夫肉眼，非常普通，只能看近物俗情，也是生物學的器官之一，只有原始的視覺功能，其他動物也有亮晶晶的肉眼覓食生存，重要性如此，人人可喻。縱使有人誇獎說，「某人的眼力很厲害」，依我看，再厲害也是凡夫肉眼，誠如『大智度論』上說：「肉眼只能清晰看到近處的景物，卻看不到遠處；即使能看到眼前，卻不能同時看到背後；能照見外界，卻也無法照見內面，白天能觀看諸物，黑夜卻什麼也看不見。」肉眼的視力有盲點，不在話下。

雖然，現代人有眼福了，可用特大望遠鏡遠眺外太空，近年來，電子通訊日新月異，使人的能見度幾乎無遠弗屆。還有顯微鏡觀察微生物……等，也都算肉眼視力的延伸，人類知識進步的證明，的確比章回小說裡的「千里眼」，或孫悟空的「火眼金睛」更厲害，然而，學佛的人知道這些依舊是凡夫肉眼，統統著相，心境的清淨層次很低，不值得太迷戀，甚至它會扮演負面作用，可惜，世人都不知覺。

依佛教來說，眼睛爲五根之一，目睹色境，產生眼識，會帶來煩惱，因爲大家的肉眼只愛看美色，起了貪著，就是百看不厭，而不知那些都是緣起緣滅，一旦消失，就會失魂落魄，讓人苦不堪言，除非靠修行功德來提升眼力。所以，佛陀有肉眼以外，還有天眼、慧眼、法眼和佛眼，就是從無數劫修持中得來的。

肉眼之上是天眼，也要靠修持得來。佛陀十大弟子之一，阿那律有「天眼第一」的美稱，天眼通是佛門的五種神通之一，眼力能觀照色、慾兩界。詳細地說，這種眼力能照見自地、下地六道中的遠近、粗細等諸物。

天眼除了靠修禪定、清淨心境的修得以外，還有一種報得。那是生於色界的諸天，可以自得淨眼。不消說，阿那律是自修的淨眼者，但也能觀看十方世界。據說他有一次聆聽佛陀說法時呼呼酣睡，被佛陀斥責之後，就發誓以後再也不睡眠，致使一雙肉眼失明了。然而，肉眼瞎掉後，仍在精進修行，反而獲得天眼，可說有志竟成的一項證據。

顧名思義，慧眼指智慧之眼，也是聲聞與緣覺二乘所證得的淨眼，它能知悉諸法平等和性空，觀照諸法真相，能度衆生到彼岸。請看『大智度論』上說：

「爲實相故求慧眼，得慧眼，不見衆生，盡滅一異相，捨離諸著，不受一切法；

智慧自內滅，是名慧眼。」

不消說，慧眼表示心境的修行功力，比肉眼、天眼要高明得多。像須菩提有慧眼，擅長解空，也算極有成就了。

『大莊嚴論經』提到一位王子患了眼疾，不久醫藥無效，以至失明。幸好國外來了一位瞿沙聖人，用衆人的眼淚洗好了王子的眼疾。之後，他講解佛理，讓王子從生死執迷中覺悟，證到阿羅漢果，得到了慧眼，亦即內心的清淨度提高，而不是肉眼裡多出什麼，或眼珠突然超強起來。

還有一種法眼是見徹佛理的智慧眼，能知一切法的實相，菩薩爲了度救衆生，便用清淨法眼，遍觀諸法，能知能行。同時，知道芸芸衆生的根性千差萬別，各有不同的方便門，讓他們修行證道。

最殊勝的是佛眼，這是諸佛照破諸法實相，用慈心來觀察衆生的眼睛。這種眼只有佛才能得證，因爲他的心彷彿萬里晴空，無所不見，無事不聞，聞見互用，無所思惟，一切皆見。這種心境清徹如鏡，都是自己修來的。不妨從以下諸經來了解佛眼的特性：

『無量壽經』說：「佛眼具足，覺了法性。」

『法華文句』：「佛眼是圓通，舉勝兼劣；又四眼入佛眼，皆名佛眼。」

『法華經』方便品：「舍利弗當知，我以佛眼觀，見六道衆生，貧窮無福慧。」『金剛經』再三强調：「若見諸相非相，則見如來。」那麼，要見如來非用佛眼不可，只有佛眼才能破相，證入空性。

雖然，諸佛有五眼，聽起來令人艷羡，殊不知芸芸衆生也有，問題是大家被妄念迷住，例如貪瞋癡慢疑層層遮蔽了眼睛，才不能開知見，如果能悟解佛理，去掉心上各種障礙，也就是讓那顆心清淨透徹，自然五眼大開，像諸佛那樣辨明世間的虛妄真實了。倘若任由三毒—貪瞋癡發作，不加收斂，而損毁色身時，恐怕連一雙肉眼也保不住，學佛的人千萬要警覺。

佛教徒耳熟能詳一首禪林佳話——見山是山，見山不是山，見山又是山。代表學佛前後的修持境界，即悟前悟後的心境層次差別極大，而不是眼睛有毛病，不明佛理的人，只用肉眼觀看有形有色的物質形相，即使用放大鏡、望遠鏡和顯微鏡亦然，也永遠受到四相六塵的蒙蔽。學佛最重要的是，自覺也具備佛眼，而不是諸佛才有，誤解佛永遠是佛，衆生永遠是衆生，其實兩者相同，没有優劣。所以，一定要挖掘自己的佛眼，否則會白活一生。

『法華經』提到一則衣内寶珠的故事，旨在提醒大家别忘了自己衣内藏有寶珠，要快拿出來用。同理，我們也身藏佛眼，要快清淨活用，不然要等到何時呢？

佛法放諸四海而皆準

『金剛經』說：「若有人說如來在講經說法，那就等於說佛的壞話。因為他根本不明白我所說的眞義。須菩提呵，佛在世間所說各種法，都是隨機談些事實，那有什麼特別的定法呢？衆生聽聞佛說，各得利益，才叫做說法。」

一般人不太留意「發明」與「發現」兩個名詞，雖僅一字之差，但是內涵完全不同。凡是前所未有，但在某時某地被某人創造出來，等於世間增加一樣新產品或新理論，即無中生有，就是「發明」。

例如，社會上有許多人申請專利，或某位教授提出新論點。相反地，某些事實已存在，明明是既定的事實，擺在大家面前，可惜，誰都沒有發覺，或視若無睹，幸在某種不可思議的因緣下，被某人早先一步洞悉玄機，發現了那些事實，而這就是「發現」。兩者的範疇與意義截然不同，學佛的人應該要明白。

所有新發明，包括物質與理論，常常受到時間、空間、種族和文化背景……等因素的影響，而有相當的條件性和侷限性，難免要被人懷疑、攻擊與修正，雖然適用於這個地區、年代和社會，卻未必適用在那個地方、年代和社會，不像被先知先覺發現的既存事實那樣，可以用在古今中外，而絕對不會遭人懷疑與修正，隨時隨地經得起一切考驗和挑戰，它像埋藏地下的寶物，任誰知道或看見它，都會歡喜躍踴，大聲驚叫：「原來有這麼好的東西。」可嘆和可惜的是，世間不是每個人都能領悟寶物的既存事實，甚至每個人都有寶物也不去挖掘，或莫名其妙，一輩子糊裡糊塗。

誠如『大般涅槃經』所說，一個窮婦不知自家早已有黃金，待別人去替她挖出來，才相信和驚喜。黃金的價值和可貴誰不喜歡？哪個年代和哪個社會不重視它呢？

同理，每當我耳聞不明佛理的朋友說，佛教是東方的產物，價值觀與實用性不適合西方人，因爲他們早有很高的文化，幾千年也一直有自己的信仰……乍聽下，我馬上同情他太昧於「發明」與「發現」的認知，實在一竅不通。

原因是，佛教不是印度釋迦牟尼佛無中生有，研究發明的新東西，而是他獨自苦行六年，大徹大悟以後的發現，不忍心藏私享用，才很慈悲地告訴天下衆生，大家都有菩提種子，都能成佛作祖。

換句話說，佛陀這個重大發現，只是把世人一直漠視和不知覺的事實反覆强調，提醒大家要好好珍惜和栽培，才能解脱苦惱的束縛。

再說佛教或佛理是一種發現，彷彿$2+2=4$不是誰發明的，而是既定的事實，在茹毛飲血的洪荒時代，也許人類的智性知能還很低落，一天到晚忙碌溫飽，又要面對各種艱難，才不去注意這個既定、既存的公理，等到被少數聰明的人指示出來，才歡喜應用。還有4－2＝2，2×2＝4以及4÷2＝2，也都是公認的既定事實，絕對不是由誰發明的，只是靠少數聰明人計算出來的。

換句話說，加減乘除的基本算術，可以放諸四海而皆準，誰也修改不了或否定它，不論白種人和黃種人都一樣，也不論哪個社會都用得著，任誰也不需要狡辯。但得注意的是，非洲某些部落也許只能用到三位數以內的算術，不必用到太高深的算法，稍微進步的部落可能會用到四則應用題，例如時鐘算、水流算、兔龜算……，而更文明的社會必須用到代數、微積分……不論算術、代數或微積分，也都不離最基礎的加減乘除，問題是有些人或地區要用淺，有些要用中級程度，而有些得用最高級，一切看情形而定。

佛教也是這樣，完全依照個人不同的根性來談深論淺。

例如，對三姑六婆要談淺，對高級知識份子要論深些，也都不離佛陀的真髓。

還有從某方面說，日本佛教、中國佛教、錫蘭佛教……因爲社會背景不同，也略有表面差異，其實完全一樣，不離三法印、四聖諦，因此，佛陀的教喻多彩多姿，圓滿歡喜，但卻沒有不同，不論是誰，也不論在哪裡都用得著，古今亦不例外，沒有時空等限制，西方人能學佛，能適用，也能受益，更不在話下。

再說得明白些，佛教認爲人生有生、老、病、死、求不得、愛別離、怨憎會和五陰盛等八苦，活人的苦惱出自貪瞋癡慢疑和邪見，若要解除苦的束縛，就得走入八條正確的道路：

㈠、正見：確實的知見，像因果，緣起等道理要相信。

㈡、正思惟：正確的意志，決心與思索，亦即不貪婪、不瞋恨、不愚癡的意思。

㈢、正語：不撒謊、不罵人、不挑撥、不花言巧語。

㈣、正業：不要爲非做歹，應該多做慈悲喜捨等善事。

㈤、正命：要有正當的經濟生活和謀生方式，平時有規律的生活習慣。

㈥、正精進：努力求進步，不偷懶。

㈦、正念：把心念安住在無常、無我上面，不要計較私利，要珍惜當下，利益社群。

㈧、正定：用禪定來聚集精神，才有益身心健康，和完美人格的發展。

像這些發現難道只適宜東方人，而不適合西方、南方或北方社會嗎？當然不是。

還有佛教徒最起碼的五戒是：不亂殺、不偷竊、不亂淫、不亂說、不酗酒等也是每個社會都規定的法律，和人人皆歡迎的基本道德，又何嘗是古代或東方人必須遵守，而現代人或歐美人就可以賤踏嗎？答案也是否定的。毋寧說，佛理受到任何人與地區的肯定是不容置疑。像這些也不是佛陀的特別發明，只是靠他提醒世人，若要幸福生活，得到永恒的解脱，就得落實他的教誨。因爲他當初也爲了要求解脱苦惱，歷經許多錯誤嘗試，吃盡無數苦頭，才發現人生幸福的秘訣，之後，他不辭辛勞，終身宏揚這套人生可以究竟解脱的秘訣，而這正是古代人和現代人；東方社會和西方社會都能接受的法寶。

請學佛的人要歡喜奉行『金剛經』所說：

「佛的說法，只是隨應衆生，應說而說，若硬稱如來有什麼特別說教，强人作法，就等於譭謗佛，根本不了解佛。」

難怪後來佛陀問須菩提，到底我有說什麼定法嗎？須菩提總算明白佛的意思，毅然回答：「如來畢竟没有說。」

何處覓如來？

『金剛經』說：「如來是什麼？不是有來有去，而是來無所從，去無所往，才叫如來。」

聖嚴法師那本『正信佛教』引發我學佛的興趣，把我心中長年對佛教的道聽塗說一掃而光，之後真正認識了佛教，並選它做終身信仰，和行住坐臥的生活寶典，真是始料未及，而其中一句話對我的啓示最大，即是——「衆生是尚未開悟的佛，佛是已經開悟的衆生。」乍讀下，我一知半解，也半信半疑，心想：「這是怎麼回事？」「那怎麼可能呢？」我以爲佛與衆生彷彿天與地，諸佛在天上，遠在遙遠的西方世界，而芸芸衆生明明掙扎在地球上，環視左右，統統是苦惱衆生，他們怎配成佛作祖？還有什麼真性如來？直到許多年後，我一面讀佛書，一面聽大德們的法語，才忍不住「哇」地一聲叫起來——原來兩千多年前的悉達多王子何嘗不是衆生，跟眼前的你我一般無二，最後不是成佛了嗎？有什麼好懷疑呢？

原始佛教時代，佛教徒比較能悟解佛陀教義是講理性，而不訴諸感情，只有經過多年歲月，滲入各地社會習俗和民間信仰，才使佛陀教義大大改變了原初風貌，佛友們也模糊了「佛」的意義，完全昧於如來本性，誤解自己死後才能見到如來，不然，也只有到廟裡焚香膜拜，保祐發財，萬事如意……這就錯啦。

再說悉達多離開苦行，來到菩提樹下禪坐，經過一陣內心的劇烈掙扎和沈思默想，才證悟成佛。換句話說，如果不懂佛法，便會懷疑前後都是同一人身，怎麼稱呼大大不相同？身份地位如此懸殊呢？證悟前叫做悉達多，成佛後稱爲釋尊如來，三界的導師？沒錯，證悟前的悉達多絕頂聰明，仍是釋迦太子，成佛後卻充滿智慧，完全離苦得樂，心態差別無法估計，層次高低迴然相異，但色身照樣要吃飯睡覺。誠如『華嚴經』上說：

「佛智亦如是，適在衆生心，妄想之所纏，不覺亦不知。」

還有六祖惠能大師也說：

「菩提般若之智，世人本自有之，只緣心迷不能自悟。……凡夫即佛……前念迷即凡夫，後念悟即佛。」

意思非常清楚，佛與凡夫同一肉體，和相同色身，只差在心境，才叫迷與悟。

再讀『無門關』的禪林公案，更可知心佛的關係。例如大梅禪師曾問師父馬祖和尚：「如何是佛？」馬祖和尚答道：「即心是佛。」菩提達摩面壁九年，終日默坐，身體凝然不動，只聽他說：「心佛不二，即心即佛。」

總之，佛即是真如本性，衆生都有，不必外求，只差在迷妄不知，說來可惜。

唐朝順宗皇帝有一次問如滿法師：「佛從哪裡來？滅向何處去？既然說佛常住世，到底在哪裡呢？」

如滿禪師回說：「佛從無爲來，滅向無爲去，法身等虛空，常住無心處。有念歸無念，有住歸無住；來爲衆生來，去爲衆生去。清淨真如海，湛然體常住；智者善思惟，更無生疑慮。」

誰知順宗皇帝聽了還是不懂，反問：「佛住世四十九年，又表示無法可說，到底怎麼回事呢？」

如滿禪師才進一步解說：「佛體本無爲，迷情妄分別；法身等虛空，未曾有生滅；有緣佛出世，無緣佛入滅，處處化衆生，猶如水中月，非常亦非斷，非生亦非滅，生亦未曾生，滅亦未曾滅，了見無心處，自然無法說。」

唐順宗聽後才明白佛今在何處，原來法身遍滿虛空，充實法界。

學佛的人耳熟能詳衆生心在十法界裡，每天來來去去，不知道多少次。十法界指佛到一切衆生有十種分類，最高爲佛界，以下依次爲菩薩、緣覺、聲聞、天、人、阿修羅、地獄、餓鬼、畜生。我們在十法界裡面，時而佛心，時而呈地獄心，時而在天堂，時而下地獄。倘若一念善心起，就是在天堂，便是如來。一個惡念起來，便是凡夫，爲地獄餓鬼畜生。意指我們本來是佛，具有如來本性，可是又不知道原因是自己的心被虛妄左右，時刻在妄想分別、執著，與如來自性愈離愈遠了。

總的來說，心若清淨，自然見佛，而不是佛從天而降。一入迷路，即不見佛，也不是佛走了。如來本無來去，只是自己的心境轉變。佛的來去，存乎一心，此外無他。

記得觀音寺的超定法師，有一天向徒衆開示：「你們就是佛，就是法身，法身如虛空，可別辜負自己呀！」

徒衆聽了好歡喜、好自在，警覺到「如來是自己」。

最後，請聽日本佛學者勝又俊教教授說過一句研究心得：

「『大日經』住心品强調人心原來清淨，而這顆心叫做清淨菩提心，或自性清淨心。佛的智慧與精神內容，叫做一切智智——一切智者（佛）的智慧也。人心是清淨，佛心一切智智，本質上兩者没有差異，而把它們連成一體的，就是覺悟或菩提。」

奉勸佛友們要牢記啊！

附錄：金剛般若（ㄅㄛㄖㄜˇ）波羅蜜經

姚秦三藏法師鳩摩羅什譯

如是我聞。一時，佛在舍衛國祇（音奇ㄑㄧˊ）樹給孤獨園，與大比丘（比丘是梵文BHIKSU的音譯，通常「比」念作「必」ㄅㄧˋ）衆千二百五十人俱。爾時，世尊食時，著（音茁ㄓㄨㄛˊ）衣持鉢，入舍衛大城乞食。於其城中，次第乞已，還至本處。飯食訖，收衣鉢，洗足已，敷座而坐。時，長老須菩提在大衆中即從座起，偏袒（音坦ㄊㄢˇ）右肩，右膝著（直藥切ㄓㄠˊ）地，合掌恭敬而白佛言：「希有！世尊！如來善護念諸菩薩，善付囑諸菩薩。世尊！善男子、善女人，發阿耨多羅三藐三菩提心，（阿耨多羅三藐三菩提是梵文ANUTTARA－SAMYAK－SAMBODHI的音譯。通常「阿」字念「ㄚ」，「耨」字音「奴豆切」音ㄋㄡˋ）應云何住？云何降（音祥ㄒㄧㄤˊ）伏其心？」

佛言：「善哉，善哉。須菩提！如汝所說：如來善護念諸菩薩，善付囑諸菩薩，汝今諦聽！當爲汝說：善男子、善女子發阿耨多羅三藐三菩提心；應如是住，如是降伏其心。」

「唯然。世尊！願樂（音要ㄧㄠˋ）欲聞。」

佛告須菩提：「諸菩薩摩訶薩應如是降伏其心！所有一切衆生之類：若卵生、若胎生、若濕生、若化生；若有色、若無色；若有想、若無想、若非有想非無想，我皆令入無餘涅槃而滅度之。如是滅度無量無數無邊衆生，實無衆生得滅度者。何以故？須菩提！若菩薩有我相、人相、衆生相、壽者相，即非菩薩。復（附又切ㄈㄨˋ）次，須菩提！菩薩於法，應無所在，行於布施，所謂不住色布施，不住聲香味觸法布施。須菩提！菩薩應如是布施，不住於相。何以故？若菩薩不住相布施，其福德不可思量。須菩提！於意云何？東方虛空可思量不？（凡問句之「不」都和「否」同，音亦念「否」。）

「不也，（此「不」字音「弗」。）世尊！」

「須菩提，東南西北方四維上下虛空可思量不？」

「不也，世尊！」

「須菩提！菩薩無住相布施，福德亦復如是不可思量。須菩提！菩薩但應如所教住。須菩提！於意云何？可以身相見如來不？」

「不也，世尊！不可以身相得見如來。何以故？如來所說身相，即非身相。」

佛告須菩提：「凡所有相，皆是虛妄。若見諸相非相，則見如來。（此「見」字應讀「現」。如來無形相，不可以眼見，所以是顯現的現。）」

須菩提白佛言：「世尊！頗有衆生，得聞如是言說章句，生實信不？」

佛告須菩提：「莫作是說。如來滅後，後五百歲，有持戒修福者，於此章句能生信心，以此爲實，當知是人不於一佛二佛三四五佛而種善根，已於無量千萬佛所種諸善根，聞是章句，乃至一念生淨信者，須菩提！如來悉知悉見，見諸衆生得如是無量福德。何以故？是諸衆生無復我相、人相、衆生相、壽者相。

「無法相，亦無非法相。何以故？是諸衆生若心取相，則爲著（直藥切ㄓㄠˊ）我人衆生壽者。

「若取法相，即著我人衆生壽者。何以故？若取非法相，即著我人衆生壽者，是故不應取法，不應取非法。以是義故，如來常說：汝等比丘，知我說法，如筏喻者；法尚應捨，何況非法。

「須菩提！於意云何？如來得阿耨多羅三藐三菩提耶？如來有所說法耶？」

須菩提言：「如我解佛所說義，無有定法名阿耨多羅三藐三菩提，亦無有定法，如來可說。何以故？如來所說法，皆不可取、不可說、非法、非非法。所以者何？一切賢聖，皆以無爲法而有差（音ㄔㄚ）別。」

「須菩提！於意云何？若人滿三千大千世界七寶以用布施，是人所得福德，寧爲多不？」

須菩提言：「甚多，世尊！何以故？是福德即非福德性，是故如來說福德多。」

（以下爲佛所說）「若復（通複，音ㄈㄨˋ）有人，於此經中受持，乃至四句偈（梵文GATHA音譯偈陀之簡稱，音記ㄐㄧˋ）等，爲他人說，其福勝彼。何以故？須菩提！一切諸佛，及諸佛阿耨多羅三藐三菩提法，皆從此經出。須菩提！所謂佛、法者，即非佛、法。

「須菩提！於意云何？須陀洹（音ㄏㄨㄢˊ）（須陀洹爲梵文SROTA－APANNA的音譯）能作是念：『我得須陀洹果』不？」

須菩提言：「不也，世尊！何以故？須陀洹名爲入流，而無所入，不入色聲香味觸法，是名須陀洹。」

「須菩提！於意云何？斯陀含（梵文SAKRD－ĀGĀMIN的音譯）能作是念：『我得斯陀含果』不？」

須菩提言：「不也，世尊！何以故？斯陀含名一往來，而實無往來，是名斯陀含。」

「須菩提！於意云何？阿那（音諾ㄋㄨㄛˋ）含（阿那含梵文ANĀGAMIN的音譯）能作是念：『我得阿那含果』不？」

須菩提言：「不也，世尊！何以故？阿那含名爲不來，而實無來，是故名阿那含。」

「須菩提！於意云何？阿羅漢（梵文ARHAT的音譯）能作是念：『我得阿羅漢道』不？」

須菩提言：「不也，世尊！何以故？實無有法名阿羅漢。世尊！若阿羅漢作是念：『我得阿羅漢道』，即為著我人衆生壽者。世尊！佛說我得無諍三昧，人中最為第一，是第一離欲阿羅漢。我不作是念：『我是離欲阿羅漢』。世尊！我若作是念：『我得阿羅漢道』，世尊則不說須菩提是樂阿蘭那行者！以須菩提實無所行，而名須菩提是樂阿蘭那行。」

佛告須菩提：「於意云何？如來昔在然燈佛所，於法有所得不？」

「世尊！如來在然燈佛所，於法實無所得。」

「須菩提！於意云何？菩薩莊嚴佛土不？」

「不也，世尊！何以故？莊嚴佛土者，則非莊嚴，是名莊嚴。」

「是故須菩提，諸菩薩摩訶薩應如是生清淨心，不應住色生心，不應住聲香味觸法生心，應無所住而生其心。須菩提！譬如有人，身如須彌山王，於意云何？是身為大不？」

須菩提言：「甚大，世尊！何以故？佛說非身，是名大身。」

「須菩提！如恒河中所有沙數，如是沙等恒河，於意云何？是諸恒河沙寧爲多不？」

須菩提言：「甚多，世尊！但諸恒河尚多無數，何況其沙！」

「須菩提！我今實言告汝：若有善男子、善女人，以七寶滿爾所恒河沙數三千大千世界，以用布施，得福多不？」

須菩提言：「甚多，世尊！」

佛告須菩提：「若善男子、善女人，於此經中，乃至受持四句偈等，爲他人説，而此福德勝前福德。復次，須菩提！隨説是經，乃至四句偈等，當知此處，一切世間、天、人、阿修羅，皆應供養，如佛塔廟，何況有人盡能受持讀誦。須菩提！當知是人成就最上第一希有之法，若是經典所在之處，則爲有佛，若尊重弟子。」

爾時，須菩提白佛言：「世尊！當何名此經？我等云何奉持？」

佛告須菩提：「是經名爲《金剛般若波羅蜜》，以是名字，汝當奉持。所以者何？須菩提！佛説般若波羅蜜，則非般若波羅蜜。須菩提！於意云何？如來有所説法不？」

須菩提白佛言：「世尊！如來無所説。」

「須菩提！於意云何？三千大千世界所有微塵是爲多不？」

須菩提言：「甚多，世尊！」

「須菩提！諸微塵，如來說非微塵，是名微塵。如來說：世界，非世界，是名世界。須菩提！於意云何？可以三十二相見如來不？」

「不也，世尊！何以故？如來說：三十二相，即是非相，是名三十二相。」

「須菩提！若有善男子、善女人，以恒河沙等身命布施；若復有人，於此經中，乃至受持四句偈等，爲他人說，其福甚多！」

爾時，須菩提聞說是經，深解義趣，涕淚悲泣，而白佛言：「希有！世尊！佛說如是甚深經典，我從昔來所得慧眼，未曾得聞如是之經。世尊！若復有人得聞是經，信心清淨，則生實相，當知是人，成就第一希有功德。世尊！是實相者，則是非相，是故如來說名實相。世尊！我今得聞如是經典，信解受持不足爲難，若當來世，後五百歲，其有衆生，得聞是經，信解受持，是人則第一希有。何以故？此人無我相、人相、衆生相、壽者相。所以者何？我相即是非相，人相、衆生相、壽者相即是非相。何以故？離一切諸相，則名諸佛。」

佛告須菩提：「如是！如是！若復有人，得聞是經，不驚，不怖、不畏，當知是人甚爲希有。何以故？須菩提！如來說：第一波羅蜜，非第一波羅蜜，是名第一波羅蜜。須菩提！忍辱波羅蜜，如來說非忍辱波羅蜜。何以故？須菩提！如我昔爲歌利王割截身體，我於爾時，無我相、無人相、無眾生相、無壽者相。何以故？我於往昔節節支解時，若有我相、人相、眾生相、壽者相，應生瞋恨。須菩提！又念過去於五百世作忍辱仙人，於爾所世，無我相、無人相、無眾生相、無壽者相。是故須菩提！菩薩應離一切相，發阿耨多羅三藐三菩提心，不應住色生心，不應住聲香味觸法生心，應生無所住心。若心有住，則爲非法。是故佛說：菩薩心不應住色布施。須菩提！菩薩爲利益一切眾生，應如是布施。如來說：一切諸相，即是非相。又說：一切眾生，則非眾生。須菩提！如來是真語者、實語者、如語者、不誑語者、不異語者。須菩提！如來所得法，此法無實無虛。須菩提！若菩薩心住於法而行布施，如人入暗，則無所見；若菩薩心不住法而行布施，如人有目，日光明照，見種種色。須菩提！當來之世，若有善男子、善女人，能於此經授持讀誦，則爲如來以佛智慧，悉知是人，悉見是人，皆得成就無量無邊功德。

「須菩提！若有善男子、善女人，初日分以恒河沙等身布施，中日分復（音附又切ㄈㄨ）以恒河沙等身布施，後日分亦以恒河沙等身布施，如是無量百千萬億劫以身布施；若復有人，聞此經典，信心不逆，其福勝彼，何況書寫、受持、讀誦、爲人解說。須菩提！以要言之，是經有不可思議、不可稱量、無邊功德。如來爲發大乘者說，爲發最上乘者說。若有人能受持讀誦，廣爲人說，如來悉知是人，悉見是人，皆成就不可量、不可稱、無有邊、不可思議功德，如是人等，則爲荷擔如來阿耨多羅三藐三菩提。何以故？須菩提！若藥（音要一ㄠˋ）小法者，著我見、人見、衆生見、壽者見，則於此經，不能聽受讀誦、爲人解說。須菩提！在在處處，若有此經，一切世間、天、人、阿修羅，所應供養；當知此處，則爲是塔，皆應恭敬，作禮圍遶，以諸華（音義同花）香而散其處。復次，須菩提！善男子、善女人，受持讀誦此經，若爲人輕賤，是人先世罪業，應墮惡道，以今世人輕賤故，先世罪業則爲消滅，當得阿耨多羅三藐三菩提。

「須菩提！我念過去無量阿僧祇劫（梵文ASAMKHYA的音譯，祇音奇），於然燈佛前，得值八百四千萬億那由他諸佛（那由他梵文NAYUTA的音譯，那音諾ㄋㄨㄛˋ，他音ㄊㄚ），悉皆供養承事，無空過者，若復有人，於後末世，能受持讀誦此經，所得功德，於我所供養諸佛功德，百分不及一，千萬億分、乃至算數譬喻所不能及。須菩提！若善男子、善女人，於後末世，有受持讀誦此經，所得功德，我若具說者，或有人聞，心則狂亂，狐疑不信。須菩提！當知是經義不可思議，果報亦不可思議。」

爾時，須菩提白佛言：「世尊！善男子、善女人，發阿耨多羅三藐三菩提心，云何應住？云何降伏其心？」

佛告須菩提：「善男子、善女人，發阿耨多羅三藐三菩提者，當生如是心，我應滅度一切衆生。滅度一切衆生已，而無有一衆生實滅度者。何以故？若菩薩有我相、人相、衆生相、壽者相，則非菩薩。所以者何？須菩提！實無有法發阿耨多羅三藐三菩提者。

「須菩提！於意云何？如來於然燈佛所，有法得阿耨多羅三藐三菩提不？」

「不世，世尊！如我解佛所說義，佛於然燈佛所，無有法得阿耨多羅三藐三菩提。」

佛言：「如是，如是。須菩提！實無有法如來得阿耨多羅三藐三菩提。須菩提！若有法如來得阿耨多羅三藐三菩提，然燈佛則不與我授記：『汝於來世，當得作佛，號釋迦牟尼。』以實無有法得阿耨多羅三藐三菩提，是故然燈佛與我授記，作是言：『汝於來世，當得作佛，號釋迦牟尼。』何以故？如來者，即諸法如義。

若有人言：如來得阿耨多羅三藐三菩提。須菩提！實無有法，佛得阿耨多羅三藐三菩提。須菩提！如來所得阿耨多羅三藐三菩提，於是中無實無虛。是故如來說：一切法皆是佛法。須菩提！所言一切法者，即非一切法，是故名一切法。須菩提！譬如人身長（音場ㄔㄤˊ）大。」

須菩提言：「世尊！如來說：人身長大，則爲非大身，是名大身。」

「須菩提！菩薩亦如是。若作是言：『我當滅度無量衆生』，則不名菩薩。何以故？須菩提！無有法名爲菩薩。是故佛說：一切法無我、無人、無衆生、無壽者。須菩提！若菩薩作是言：『我當莊嚴佛土』，是不名菩薩。何以故？如來說：莊嚴佛土者，即非莊嚴，是名莊嚴。須菩提！若菩薩通達無我法者，如來說名真是菩薩。

「須菩提！於意云何？如來有肉眼不？」

「如是，世尊！如來有肉眼。」

「須菩提！於意云何？如來有天眼不？」

「如是，世尊！如來有天眼。」

「須菩提！於意云何？如來有慧眼不？」

「如是，世尊！如來有慧眼。」

「須菩提！於意云何？如來有法眼不？」

「如是，世尊！如來有法眼。」

「須菩提！於意云何？如來有佛眼不？」

「如是，世尊！如來有佛眼。」

「須菩提！於意云何？恒河中所有沙，佛說是沙不？」

「如是，世尊！如來說是沙。」

「須菩提！於意云何？如一恒河中所有沙，有如是等恒河，是諸恒河所有沙數，佛世界如是，寧爲多不？」

「甚多，世尊！」

佛告須菩提：「爾所國土中，所有衆生，若干種心，如來悉知。何以故？如來說：諸心皆爲非心，是名爲心。所以者何？須菩提！過去心不可得，現在心不可得，未來心不可得。

須菩提！於意云何？若有人滿三千大千世界七寶以用布施，是人以是因緣，得福多不？」

「如是，世尊！此人以是因緣，得福甚多。」

「須菩提！若福德有實，如來不說得福德多；以福德無故，如來說得福德多。

須菩提！於意云何？佛可以具足色身見（音現ㄒㄧㄢˋ）不？」

「不也，世尊！如來不應以色身見。何以故？如來說：具足色身，即非具足色身，是名具足色身。」

「須菩提！於意云何？如來可以具足諸相見不？」

「不也，世尊！如來不應以具足諸相見。何以故？如來說：諸相具足，即非具足，是名諸相具足。」

「須菩提！汝勿謂如來作是念：『我當有所說法。』莫作是念，何以故？若人言：如來有所說法，即爲謗佛，不能解我所說故。須菩提！說法者，無法可說，是名說法。」

爾時，慧命（即「長老」另一種譯法）須菩提白佛言：「世尊！頗有衆生，於未來世，聞說是法，生信心不？」

佛言：「須菩提！彼非衆生，非不衆生。何以故？須菩提！衆生衆生者，如來說非衆生，是名衆生。」

須菩提白佛言：「世尊！佛得阿耨多羅三藐三菩提，爲無所得耶？」

「如是，如是。須菩提！我於阿耨多羅三藐三菩提乃至無有少法可得，是名阿耨多羅三藐三菩提。復次，須菩提！是法平等，無有高下，是名阿耨多羅三藐三菩提；以無我、無人、無衆生、無壽者，修一切善法，則得阿耨多羅三藐三菩提。須菩提！所言善法者，如來說非善法，是名善法。

須菩提！若三千大千世界中所有諸須彌山王，如是第七寶聚，有人持用布施；若人以此《般若波羅蜜經》，乃至四句偈等，受持、爲他人說，於前福德百分不及一，百千萬億分，乃至算數譬喻所不能及。

須菩提！於意云何？汝等勿謂如來作是念：『我當度衆生。』須菩提！莫作是念。何以故？實無有衆生如來度者。若有衆生如來度者，如來則有我人衆生壽者。須菩提！如來説：『有我者，則非有我，而凡夫之人以爲有我。』須菩提！凡夫者，如來説則非凡夫。

須菩提！於意云何？可以三十二相觀如來不？」

須菩提言：「如是！如是！以三十二相觀如來。」

佛言：「須菩提！若以三十二相觀如來者，轉輪聖王則是如來。」

須菩提白佛言：「世尊，如我解佛説義，不應以三十二相觀如來。」

爾時，世尊而説偈言：

「若以色見我　以音聲求我
是人行邪道　不能見如來

須菩提！汝若作是念：『如來不以具足見故，得阿耨多羅三藐三菩提。』須菩提！莫作是念：『如來不以具足相故，得阿耨多羅三藐三菩提。』須菩提！汝若作是念，發阿耨多羅三藐三菩提者，説諸法斷滅。莫作是念！何以故？發阿耨多羅三藐三菩提者，於法不説斷滅相。

須菩提！若菩薩以滿恒河沙等世界七寶布施，若復有人知一切法無我，得成於忍，此菩薩勝前菩薩所得功德。須菩提！以諸菩薩不受福德故。」

須菩提白佛言：「世尊！云何菩薩不受福德？」

「須菩提！菩薩所作福德，不應貪著，是故說不受福德。

須菩提！若有人言：如來若來若去、若坐若卧，是人不解我所說義。何以故？如來者，無所從來，亦無所去，故名如來。

須菩提！若善男子、善女人，以三千大千世界碎爲微塵，於意云何？是微塵衆寧爲多不？」

「甚多，世尊！何以故？若是微塵衆實有者，佛則不說是微塵衆，所以者何？佛說：微塵衆，則非微塵衆，是名微塵衆。世尊！如來所說三千大千世界，則非世界，是名世界。何以故？若世界實有，則是一合相。如來說：一合相，則非一合相，是名一合相。」

「須菩提！一合相者，則是不可說，但凡夫之人貪著其事。

須菩提！若人言：佛說我見、人見、衆生見、壽者見。須菩提！於意云何？是人解我所說義不？」

「世尊！是人不解如來所說義。何以故？世尊說：我見、人見、衆生見、壽者見，即非我見、人見、衆生見、壽者見，是名我見、人見、衆生見、壽者見。」

「須菩提！發阿耨多羅三藐三菩提心者，於一切法，應如是知，如是見，如是信解，不生法相。須菩提！所言法相者，如來說即非法相，是名法相。」

須菩提！若有人以滿無量阿僧祇世界七寶持用布施，若有善男子、善女人發菩薩心者，持於此經，乃至四句偈等，受持讀誦，爲人演說，其福勝彼。云何爲人演說，不取於相，如如不動。何以故？

一切有爲法　如夢幻泡影

如露亦如電　應作如是觀」

佛說是經已，長老須菩提及諸比丘、比丘尼、優婆塞、優婆夷、一切世間、天、人、阿修羅，聞佛所說，皆大歡喜，信受奉行。

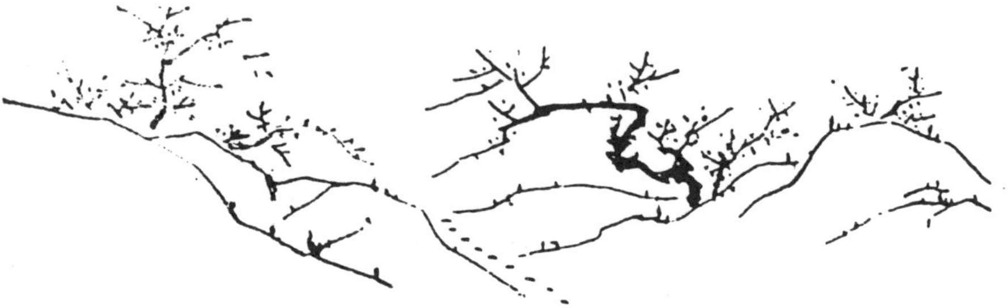

作者簡介：

劉欣如：一九三七年出生、新竹縣人。

曾任教台灣大專院校講師及福嚴佛學院。現在旅居美國洛杉磯市，擔任美國佛教宏法中心總編輯。譯作有：『阿含經與現代生活』、『佛教說話文學全集』（一～十一集）、『業的思想』、『大智度論的故事』、『釋尊的譬喻與說話』、『唯識學入門』、『唐玄奘留學記』、『喬答摩佛陀傳』、『佛教的人生觀』、『現代生活與佛教』等，並有佛教散文發表於國內外佛學雜誌。

大展出版社有限公司 品冠文化出版社

圖書目錄

地址：台北市北投區(石牌)致遠一路二段12巷1號
郵撥：01669551＜大展＞
19346241＜品冠＞
電話：(02)28236031
28236033
28233123
傳真：(02)28272069

・熱門新知・品冠編號 67

1.	圖解基因與 DNA		中原英臣主編	230 元
2.	圖解人體的神奇	（精）	米山公啟主編	230 元
3.	圖解腦與心的構造	（精）	永田和哉主編	230 元
4.	圖解科學的神奇	（精）	鳥海光弘主編	230 元
5.	圖解數學的神奇	（精）	柳 谷 晃著	250 元
6.	圖解基因操作	（精）	海老原充主編	230 元
7.	圖解後基因組	（精）	才園哲人著	230 元
8.	圖解再生醫療的構造與未來		才園哲人著	230 元
9.	圖解保護身體的免疫構造		才園哲人著	230 元
10.	90 分鐘了解尖端技術的結構		志村幸雄著	280 元
11.	人體解剖學歌訣		張元生主編	200 元
12.	醫院臨床中西用藥		杜光主編	550 元
13.	現代醫師實用手冊		周有利主編	400 元
14.	骨科手術進路歌訣		張元生主編	220 元
15.	動物解剖原色圖譜		王會香主編	250 元

・圍棋輕鬆學・品冠編號 68

1.	圍棋六日通	李曉佳編著	160 元
3.	定石的運用	吳玉林等編著	280 元
4.	死活的要點	吳玉林等編著	250 元
5.	中盤的妙手	吳玉林等編著	300 元
6.	收官的技巧	吳玉林等編著	250 元
7.	中國名手名局賞析	沙舟編著	300 元
8.	日韓名手名局賞析	沙舟編著	330 元
9.	圍棋石室藏機	劉乾勝等著	250 元
10.	圍棋不傳之道	劉乾勝等著	250 元
11.	圍棋出藍秘譜	劉乾勝等著	250 元
12.	圍棋敲山震虎	劉乾勝等著	280 元
13.	圍棋送佛歸殿	劉乾勝等著	280 元
14.	無師自通學圍棋	劉駱生著	280 元
15.	圍棋手筋入門	馬自正編著	250 元
16.	妙談圍棋搏殺	馬世軍編著	300 元

17.	圍棋棋力快速提高—從入門到業餘初段	馬自正編著	380元
18.	圍棋棋力快速提高—從業餘初段到業餘3段	馬自正編著	300元
19.	圍棋棋力快速提高—從業餘3段到業餘6段	馬自正編著	350元
20.	圍棋棋力快速提高—從業餘6段到專業棋手	馬自正編著	400元
21.	圍棋現代佈局謀略	馬自正編著	330元

・象棋輕鬆學・品冠編號69

1.	象棋開局精要	方長勤審校	280元
2.	象棋中局薈萃	言穆江著	280元
3.	象棋殘局精粹	黃大昌著	280元
4.	象棋精巧短局	石鏞、石煉編著	280元
5.	象棋基本殺法	朱寶位編著	230元
6.	象棋實戰短局制勝殺勢	傅寶勝主編	450元
7.	象棋實戰技法	傅寶勝編著	500元
8.	象棋升級訓練 初級篇	傅寶勝編著	230元
9.	象棋升級訓練 中級篇	傅寶勝編著	230元
10.	象棋升級訓練 高級篇	傅寶勝編著	230元
11.	象棋升級訓練 棋士篇	傅寶勝編著	230元

・智力運動・品冠編號691

1.	怎樣下國際跳棋	楊永編著	220元
2.	國際跳棋攻殺練習	楊永編著	250元
3.	圍棋知識	程曉流編著	180元
4.	象棋知識	楊柏偉編著	200元
5.	橋牌知識	周飛衛編著	180元
6.	西洋棋知識	林峰編著	180元
7.	五子棋知識	仇慶生編著	180元
8.	田棋	吳國勝著	220元

・棋藝學堂・品冠編號692

1.	兒少圍棋 啟蒙篇	傅寶勝編著	180元
2.	兒少圍棋 提高篇	傅寶勝編著	220元
3.	兒少圍棋 比賽篇	傅寶勝編著	180元
4.	兒少象棋 啟蒙篇	傅寶勝編著	180元
5.	兒少象棋 提高篇	傅寶勝編著	180元
6.	兒少象棋 比賽篇	傅寶勝編著	180元

・鑑賞系列・品冠編號70

1.	雅石鑑賞與收藏	沈泓著	680元
2.	印石鑑賞與收藏	沈泓著	680元

3. 玉石鑑賞與收藏 沈泓著 680元
4. 瓷器鑑賞與收藏 沈泓著 800元
5. 古典傢具鑑賞與收藏 沈泓著 680元
6. 錢幣鑑賞與收藏 吳雄勝著 600元
7. 翡翠鑑賞與收藏 沈泓著 550元
8. 玉器鑑賞與收藏 傅慧娟編著 600元
9. 古陶瓷鑑賞與收藏 王丹丹編著 650元
10. 古銅鏡鑑賞與收藏 郝顏飛編著 500元
11. 古玉六百問 竇廣利編著 680元
12. 中國刺繡緙絲鑑賞與收藏 肖堯著 680元
13. 嫩江水沖瑪瑙鑑賞與收藏 馮善良編著 680元
14. 和田玉鑑賞與收藏 李彥君主編 720元
15. 黃河彩陶紋飾鑑賞與收藏 李志欽著 550元

・藝術大觀・品冠編號 701

1. 中國樹石盆景藝術 林鴻鑫等著 550元
2. 中國山水盆景藝術 陳智之等著 500元
3. 趙慶泉盆景藝術 汪傳龍編著 550元
4. 養蘭賞蘭輕鬆上手 崔國永主編 600元
5. 古今蘭花名品《修訂版》 陳治棟編著 550元
6. 紫砂壺盆景藝術 陳習之等著 580元

・休閒生活・品冠編號 71

1. 家庭養蘭年年開 殷華林編著 300元
2. 盆栽培養與欣賞 廖啟欣編著 220元
3. 盆景形式美與造型 蕭遣編著 280元
4. 樹木盆景製作技法 吳詩華編著 300元
5. 山水盆景製作技法 仲濟南編著 280元
6. 根雕製作技法 汪傳龍編著 320元
7. 君子蘭栽培實用技法 岳粹純編著 300元
8. 錦鯉養殖實用技法 占家智編著 280元
9. 盆栽花卉栽培與裝飾 李真編著 450元
10. 蘭花栽培小百科 殷華林編著 600元

・傳統民俗療法・品冠編號 63

2. 神奇拍打療法 安在峰著 200元
3. 神奇拔罐療法 安在峰著 200元
4. 神奇艾灸療法 安在峰著 200元
5. 神奇貼敷療法 安在峰著 200元
6. 神奇薰洗療法 安在峰著 200元
7. 神奇耳穴療法 安在峰著 200元

8. 神奇指針療法　安在峰著　200元
9. 神奇藥酒療法　安在峰著　200元
10. 神奇藥茶療法　安在峰著　200元
11. 神奇推拿療法　張貴荷著　200元
12. 神奇止痛療法　漆 浩 著　200元
13. 神奇天然藥食物療法　李琳編著　200元
14. 神奇新穴療法　吳德華編著　200元
15. 神奇小針刀療法　韋丹主編　200元
16. 神奇刮痧療法　童佼寅主編　200元
17. 神奇氣功療法　陳坤編著　200元

・常見病藥膳調養叢書・品冠編號 631

1. 脂肪肝四季飲食　蕭守貴著　200元
2. 高血壓四季飲食　秦玖剛著　200元
3. 慢性腎炎四季飲食　魏從強著　200元
4. 高脂血症四季飲食　薛輝著　200元
5. 慢性胃炎四季飲食　馬秉祥著　200元
6. 糖尿病四季飲食　王耀獻著　200元
7. 癌症四季飲食　李忠著　200元
8. 痛風四季飲食　魯焰主編　200元
9. 肝炎四季飲食　王虹等著　200元
10. 肥胖症四季飲食　李偉等著　200元
11. 膽囊炎、膽石症四季飲食　謝春娥著　200元

・壽 世 養 生・品冠編號 632

(1~9 電腦編號為 6401+序號)

1. 催眠與催眠療法　余萍客　350元
2. 實驗長命法　胡嘉英等著　200元
3. 男女養生術　吳履吉著　220元
4. 回春養生術　陸明編著　220元
5. 道家氣功健康法　陸明選輯　230元
6. 仙道氣功法及應用　陸明編著　250元
7. 氣功健康保養　陳景霖編著　250元
8. 借力健康秘訣　劉昊廷編著　230元
9. 仙道運氣健康法　呂奕群編著　230元
10. 身心調和法 心身鍛鍊法　劉仁航編著　180元
11. 氣功藥餌療法與救治偏差手術　周潛川編著　300元
12. 內經知要述義　周潛川編著　240元
13. 仙道冥想法　鐘文訓編著　220元
14. 仙道長生不老學　陸明編著　230元
15. 念術養生入門　黃靖香編譯　220元
16. 仙道帝王招財術　賴郁珊編譯　200元
17. 導引術之不老回春法　陳成玉編譯　200元

18. 導引術之身心健康法	陳成玉編譯	220 元
19. 導引術之治病・美容	陳成玉編譯	260 元
20. 仙道術遁甲法	吳奕群編譯	220 元
21. 仙道鍊金術房中法	賴郁珊編譯	200 元
22. 內功與房中術	龍傑編著	250 元
23. 仙人成仙術	陸明軒編譯	200 元
24. 因是子靜坐法（正・續篇）岡田式靜坐法	因是子著	200 元
25. 房中術與飲食	林清萬主編	240 元
26. 動・靜功養生術	林清萬主編	220 元
27. 活用般若心經養生術	李芳黛主編	220 元
28. 仙道察氣預知未來	李芳黛編譯	200 元

・休閒保健叢書・品冠編號 641

1. 瘦身保健按摩術	聞慶漢主編	200 元
2. 顏面美容保健按摩術	聞慶漢主編	200 元
3. 足部保健按摩術	聞慶漢主編	200 元
4. 養生保健按摩術	聞慶漢主編	280 元
5. 頭部穴道保健術	柯富陽主編	180 元
6. 健身醫療運動處方	鄭寶田主編	230 元
7. 實用美容美體點穴術＋VCD	李芬莉主編	350 元
8. 中外保健按摩技法全集＋VCD	任全主編	550 元
9. 中醫三補養生	劉健主編	300 元
10. 運動創傷康復診療	任玉衡主編	550 元
11. 養生抗衰老指南	馬永興主編	350 元
12. 創傷骨折救護與康復	鍾杏梅主編	220 元
13. 百病全息按摩療法＋VCD	王富春主編	500 元
14. 拔罐排毒一身輕＋VCD	許麗編著	330 元
15. 圖解針灸美容＋VCD	王富春主編	350 元
16. 圖解針灸減肥＋VCD	王富春主編	350 元
17. 圖解推拿防治百病（附 VCD）	呂明主編	350 元
18. 辨舌診病速成	周幸來主編	330 元
19. 望甲診病速成	周幸來主編	300 元
20. 現代女性養生	劉青主編	250 元
21. 現代男性養生	劉青主編	230 元
22. 每天 3 分鐘永保安康	余茂基編著	230 元
23. 中醫脊柱養生術－吳式正椎法	吳茂文編著	230 元
24. 快速望診 斷健康	周幸來主編	330 元
25. 承門易經筋推拿療法（附 VCD）	王占偉主編	300 元
26. 針灸特效穴圖解	余平波編著	300 元
27. 按摩特效穴速成（附 VCD）	余平波編著	280 元
28. 養生保健穴速成（附 VCD）	王穎主編	280 元
29. ３１２經絡鍛鍊法治病實例（附 VCD）	祝總驤主編	250 元
30. 拍打永保安康	余平波編著	220 元

31.	承門易經筋微火針療法	王占偉主編	400 元
32.	家庭醫學速查百科	呂慶瑛編著	420 元
33.	董氏奇穴按摩刮痧法	王敏主編	300 元
34.	《黃帝內經》順時養生法（附 VCD）	宋為民主編	400 元
35.	針灸腧穴圖解（附 VCD）	陳以國主編	450 元
36.	足療健康法（附 VCD）	王穎主編	330 元
37.	手診手療健康法（附 VCD）	王穎主編	330 元
38.	手診快速入門（附 VCD）	趙理明編著	350 元
39.	特效 312 經絡鍛鍊養生法	祝總驤主編	280 元

・名醫與您・品冠編號 6501

1.	高血壓、高血脂	項志敏編著	220 元
2.	糖尿病	杭建梅	220 元
3.	心臟病	于全俊編著	220 元
4.	腎臟病	趙硯池編著	220 元
5.	肝病	金瑞編著	220 元
6.	骨科病	張春雨編著	220 元

・武當道教醫藥・品冠編號 652

1.	武當道醫內科臨證靈方妙法	尚儒彪著	380 元
2.	武當道醫外科臨證靈方妙法	尚儒彪著	300 元
3.	武當道醫婦科臨證靈方妙法	尚儒彪著	350 元
4.	武當道醫男科臨證靈方妙法	尚儒彪著	300 元
5.	武當道醫傷科臨證靈方妙法	尚儒彪著	300 元
6.	武當道醫兒科臨證靈方妙法	尚儒彪著	300 元
7.	武當方藥精華	尚儒彪著	300 元

・健 康 絕 招・品冠編號 653

1.	拍打經絡快速袪病	孫呈祥主編	240 元
2.	刮痧・拔罐・艾灸除病痛	柏立群主編	240 元
3.	特效穴袪病不求人	孫呈祥主編	240 元

・名 人 選 輯・品冠編號 671

1.	佛洛伊德	傅陽主編	200 元
2.	莎士比亞	傅陽主編	200 元
3.	蘇格拉底	傅陽主編	200 元
4.	盧梭	傅陽主編	200 元
5.	歌德	傅陽主編	200 元
6.	培根	傅陽主編	200 元
7.	但丁	傅陽主編	200 元

8. 西蒙波娃　傅陽主編　200元

·武　學　釋　典· 大展編號 A1

1. 顧留馨太極拳研究　顧留馨著　380元
2. 太極密碼 中國太極拳百題解　余功保著　200元
3. 太極拳今論　薛蔚昌著　200元
4. 意拳正軌　劉正編纂　330元
5. 二十四式太極拳技擊含義闡釋　王鋒朝著　200元
6. 汪永泉授楊式太極拳語錄及拳照　劉金印整理　200元
7. 太極拳的力學原理　蕭飛著　200元
8. 太極拳理論之源《易經》通俗解　于志鈞著　280元
9. 太極拳理傳真　張義敬著　400元
10. 太極拳行功心解詳解　蘇峰珍著　240元
11. 內家拳武術探微　蘇峰珍著　450元
12. 拳道述真　李玉栓編著　220元
13. 懂勁 內家拳的瑰寶　黃逸武著　220元
14. 走進王薌齋－解析大成拳　李榮玉著　280元
15. 太極拳經論透視　蘇峰珍著　220元
16. 太極密碼(2)太極拳心法體悟　余功保著　200元
17. 太極密碼(3)太極拳勢通解　余功保著　200元
18. 太極密碼(4)太極十三經心解　余功保著　250元
19. 太極密碼(5)太極拳經典拳勢悟解　余功保著　300元
20. 懂勁之後 內家勁的修煉(附DVD)　黃逸武著　350元
21. 妙諦傳心 太極拳經秘譜匯宗　何欣委編著　350元
22. 神運無方 太極拳論秘譜匯宗　何欣委編著　350元
23. 微言大義 太極拳解秘譜匯宗　何欣委編著　350元
24. 內家拳引玉　蘇峰珍著　280元
25. 太極拳的奧秘　余功保編著　350元

·楊 式 太 極 拳· 大展編號 A2

1. 楊式太極拳大架與養生(附DVD)　孫德明傳授　330元
2. 楊式太極拳中架與內功(附DVD)　孫德明傳授　330元
3. 楊式太極拳小架與技擊(附DVD)　孫德明傳授　300元
4. 楊式內傳太極拳 108式(附DVD)　張漢文編著　330元
5. 楊式內傳太極拳家手(附DVD)　張漢文編著　350元
6. 楊健侯太極拳真傳(附DVD)　胡學智著　330元
7. 楊班侯太極拳真傳(附DVD)　賈治祥著　420元
8. 楊式內傳太極拳 小快式　張漢文編著　380元
9. 楊氏太極拳用法(附DVD)　楊振鐸著　300元
10. 楊氏太極拳 103式(附DVD)　楊振鐸著　400元
11. 楊氏太極拳表演比賽套路49式(附DVD)　楊振鐸著　350元

·陳式太極拳· 大展編號 A3

1. 陳鑫太極拳法圖解(附 DVD)　陳東山著　350 元
2. 傳統太極拳(附 DVD)　朱寶珍著　300 元
3. 陳式太極拳老架一路入門圖解七十四式(附 DVD)　張富香著　330 元
4. 陳式太極拳內功心法(附 DVD)　王永其著　420 元
5. 家傳陳氏太極拳功夫架一路 89 式(附 DVD)　陳照奎著　400 元
6. 正宗陳氏太極拳養生功　陳斌著　350 元

·孫式太極拳· 大展編號 A4

1. 孫氏三十六手太極拳 115 式(附 DVD)　尤志心主編　500 元
2. 孫式太極拳拳架分析　張大輝編著　220 元
3. 孫祿堂武學論語　孫玉奎等編著　230 元

·吳式太極拳· 大展編號 A5

1. 太極拳授課實錄(附 DVD)　趙琴著　400 元
2. 王培生太極拳體用解　張耀忠編著　240 元

·武式太極拳· 大展編號 A6

1. 武式太極拳三十七式　翟維傳著　200 元
2. 武式太極拳老架　翟維傳著　200 元
3. 武式太極拳小架　翟維傳著　200 元

·鄭子太極拳系列· 大展編號 A7

1. 鄭子太極拳三十七式示範教材　謝昭隆撰著　500 元

·形意·大成拳系列· 大展編號 A8

1. 形意拳養生與實戰(附 DVD)　張世杰等著　400 元
2. 形意拳練法用法與功法　曹志清著　330 元
3. 形意拳技擊術　尚濟著　330 元
4. 李漢章拳術與盤身練法　李拓原著　300 元
5. 意拳拳學〈大成拳〉　王薌齋著　280 元
6. 李復禎心意六合拳　權成著　350 元

·推手武學· 大展編號 A9

1. 太極拳推手奧秘　張耀忠等著　220 元

・自我改造・大展編號 B1

1. 太極長生法門（一）－入門（附 DVD） 趙憲民著 330 元
2. 太極長生法門（二）－進階（附 DVD） 趙憲民著 330 元
3. 太極長生法門（三）－性功運動（附 DVD） 趙憲民著 300 元
4. 太極長生法門（四）－了性了命修程（附 DVD） 趙憲民著 300 元

・合氣太極・大展編號 B2

1. 太極拳中的摔法 林明道著 350 元

・散打功夫・大展編號 B3

1. 散打基礎技法精要(附 DVD) 武兵等著 400 元
2. 散打實用技法精要(附 DVD) 武兵等著 350 元
3. 散打高級技法精要(附 DVD) 武兵等著 330 元

・詠春拳・大展編號 B4

1. 詠春拳 黃濤編著 330 元
2. 30 天輕鬆學會詠春拳(附 2DVD) 梁旭輝著 400 元
3. 即學即用的詠春拳實戰絕技(附 2DVD) 梁旭輝著 420 元

・劍術武學・大展編號 B5

1. 龍形劍與八卦掌（附 DVD） 賈寶壽著 330 元

・武當武學・大展編號 C1

1. 武當太乙神劍門真宗（附 VCD） 關亨九著 350 元
2. 武當九式吐納養生法（附 DVD） 岳武著 330 元
3. 武當養生筋經八法（附 DVD） 岳武等著 330 元

・中英對照武學・大展編號 D1

1. ２４式太極拳學與練（附 VCD） 李壽堂編著 280 元
2. ４２式太極拳學與練（附 VCD） 李壽堂編著 300 元
3. ８８太極拳學與練(附 VCD) 李壽堂編著 300 元
4. ３２式太極劍學與練(附 VCD) 李壽堂編著 300 元
5. ４２式太極劍學與練(附 VCD) 李壽堂編著 300 元
6. ２４式養生太極拳（附 VCD） 苗樹林編著 280 元
7. ３６式養生太極拳 苗樹林編著 330 元
8. ４８式養生太極拳（附 VCD） 苗樹林編著 400 元
9. 盧式心意六合拳（附 VCD） 余 江著 330 元

・武 術 特 輯・大展編號 10

1.	陳式太極拳入門	馮志強編著	180 元
2.	武式太極拳	郝少如編著	200 元
3.	中國跆拳道實戰 100 例	岳維傳著	220 元
4.	教門長拳	蕭京凌編著	150 元
5.	跆拳道	蕭京凌編譯	180 元
6.	正傳合氣道	程曉鈴譯	200 元
7.	實用雙節棍	吳志勇編著	200 元
8.	格鬥空手道	鄭旭旭編著	200 元
9.	實用跆拳道	陳國榮編著	200 元
10.	武術初學指南	李文英、解守德編著	250 元
11.	泰國拳	陳國榮著	180 元
12.	中國式摔跤	黃 斌編著	180 元
13.	太極劍入門	李德印編著	180 元
14.	太極拳運動	運動司編	250 元
15.	太極拳譜	清・王宗岳等著	280 元
16.	散手初學	冷 峰編著	200 元
17.	南拳	朱瑞琪編著	180 元
18.	吳式太極劍	王培生著	200 元
19.	太極拳健身與技擊	王培生著	250 元
20.	秘傳武當八卦掌	狄兆龍著	250 元
21.	太極拳論譚	沈 壽著	250 元
22.	陳式太極拳技擊法	馬 虹著	250 元
23.	二十四式/三十二式太極拳/劍	闞桂香著	180 元
24.	楊式秘傳 129 式太極長拳	張楚全著	280 元
25.	楊式太極拳架詳解	林炳堯著	280 元
26.	華佗五禽劍	劉時榮著	180 元
27.	太極拳基礎講座：基本功與簡化 24 式	李德印著	250 元
28.	武式太極拳精華	薛乃印著	200 元
29.	陳式太極拳拳理闡微	馬 虹著	350 元
30.	陳式太極拳體用全書	馬 虹著	400 元
31.	張三豐太極拳	陳占奎著	200 元
32.	中國太極推手	張 山主編	300 元
33.	48 式太極拳入門	門惠豐編著	220 元
34.	太極拳奇人奇功	嚴翰秀編著	250 元
35.	心意門秘籍	李新民編著	220 元
36.	三才門乾坤戊己功	王培生編著	220 元
37.	武式太極劍精華＋VCD	薛乃印編著	350 元
38.	楊式太極拳(85 式)	傅鐘文演述	200 元
39.	陳式太極拳、劍 36 式	闞桂香編著	250 元
40.	正宗武式太極拳	薛乃印著	220 元
41.	杜元化＜太極拳正宗＞考析	王海洲等著	300 元

42. ＜珍貴版＞陳式太極拳	沈家楨著	280 元
43. 24 式太極拳＋VCD	中國國家體育總局著	350 元
44. 太極推手絕技	安在峰編著	250 元
45. 孫祿堂武學錄	孫祿堂著	300 元
46. ＜珍貴本＞陳式太極拳精選	馮志強著	280 元
47. 武當趙堡太極拳小架	鄭悟清傳授	250 元
48. 太極拳習練知識問答	邱丕相主編	220 元
49. 八法拳 八法槍	武世俊著	220 元
50. 地趟拳＋VCD	張憲政著	350 元
51. 四十八式太極拳＋DVD	楊 靜演示	400 元
52. 三十二式太極劍＋VCD	楊 靜演示	300 元
53. 隨曲就伸 中國太極拳名家對話錄	余功保著	300 元
54. 陳式太極拳五功八法十三勢	闞桂香著	200 元
55. 六合螳螂拳	劉敬儒等著	280 元
56. 古本新探華佗五禽戲	劉時榮編著	180 元
57. 陳式太極拳養生功＋VCD	陳正雷著	350 元
58. 中國循經太極拳二十四式教程	李兆生著	300 元
59. ＜珍貴本＞太極拳研究	唐豪・顧留馨著	250 元
60. 武當三豐太極拳	劉嗣傳著	300 元
61. 楊式太極拳體用圖解（108 式）	崔仲三編著	400 元
62. 太極十三刀	張耀忠編著	230 元
63. 和式太極拳譜＋VCD	和有祿編著	450 元
64. 太極內功養生術	關永年著	300 元
65. 養生太極推手	黃康輝編著	280 元
66. 太極推手祕傳	安在峰編著	300 元
67. 楊少侯太極拳用架真詮	李璉編著	280 元
68. 細說陰陽相濟的太極拳	林冠澄著	350 元
69. 太極內功解祕	祝大彤編著	280 元
70. 簡易太極拳健身功	王建華著	180 元
71. 楊氏太極拳真傳	趙斌等著	380 元
72. 李子鳴傳梁式直趟八卦六十四散手掌	張全亮編著	200 元
73. 炮捶 陳式太極拳第二路	顧留馨著	330 元
74. 太極推手技擊傳真	王鳳鳴編著	300 元
75. 傳統五十八式太極劍	張楚全編著	200 元
76. 新編太極拳對練	曾乃梁編著	280 元
77. 陰陽相濟的太極拳	林冠澄著	350 元
78. 心意拳練功竅要	馬琳璋著	300 元
79. 形意拳搏擊的理與法	買正虎編著	300 元
80. 拳道功法學	李玉柱編著	300 元
81. 精編陳式太極拳拳劍刀	武世俊編著	300 元
82. 現代散打	梁亞東編著	200 元
83. 形意拳械精解（上）	邸國勇編著	480 元
84. 形意拳械精解（下）	邸國勇編著	480 元
85. 楊式太極拳詮釋【理論篇】	王志遠編著	200 元

86. 楊式太極拳詮釋【練習篇】	王志遠編著	280 元
87. 中國當代太極拳精論集	余功保主編	500 元
88. 八極拳運動全書	安在峰編著	480 元
89. 陳氏太極長拳 108 式＋VCD	王振華著	350 元
90. 太極拳練架真詮	李璉著	280 元
91. 走進太極拳 太極拳初段位訓練與教學法	曾乃梁編著	300 元
92. 中國功夫操	莊昔聰編著	280 元
93. 太極心語	陳太平著	280 元
94. 楊式太極拳學練釋疑	奚桂忠著	250 元
95. 自然太極拳<81 式>	祝大彤編著	330 元
96. 陳式太極拳精義	張茂珍編著	380 元
97. 盈虛有象 中國太極拳名家對話錄	余功保編著	600 元
98. 心意太極拳	馬琳璋等著	220 元
99. 太極解秘十三篇	祝大彤著	300 元
100. 陳式太極拳勁道釋秘－拆拳講勁	馬虹著	330 元
101. 太極拳入門	編輯部編	280 元
102. 詳解陰陽相濟的太極勁法(附 DVD)	林冠澄著	450 元
103. 武術對練和對抗健身	王建華等著	220 元
104. 楊式太極拳闡秘	龐大明著	300 元
105. 太極推手真傳	李亭全著	220 元
106. 楊式太極劍槍	楊慎華著	220 元
107. 吳式太極拳 37 式 健身和技擊作用	趙琴著	220 元
108. 意拳功法	謝永廣編著	280 元
109. 意拳散手	謝永廣編著	300 元
110. 中國・陳家溝陳氏太極拳術	陳正雷著	600 元
111. 最新版楊式太極拳、劍、刀	楊振鐸著	500 元
112. 上善若水 中國太極拳名家對話錄	余功保編著	600 元
113. 蔣玉堃楊式太極拳述真 上卷	蔣玉堃著	500 元
114. 蔣玉堃楊式太極拳述真 下卷	蔣玉堃著	400 元
115. 混元太極炮捶 46 式	馮志強編著	280 元
116. 三十九式太極拳 勁意直指	張耀忠著	220 元
117. 太極拳能速成嗎	張武俊著	220 元
118. 太極纏絲功	王鳳鳴編著	220 元
119. 太極導氣鬆沉功(附 VCD)	王方莘著	300 元
120. 楊式太極三譜匯真	路迪民著	350 元
121. 〔趙堡太極〕秘傳兵器解讀	王海洲編著	220 元
122. 孫式太極拳四十九式(附 VCD)	孫庚辛編著	250 元
123. 武氏太極拳全書	姚繼祖著	300 元
124. 陳氏太極拳精選套路 48 式(附 VCD)	王振華編著	330 元
125. 岳家拳學(附 DVD)	王傑講授	450 元
126. 武醫心要(附 VCD)	郭揚著	400 元
127. 王培生內功心法太極拳(附 VCD)	張耀忠編著	330 元
128. 大悲拳 禪門劍(附 VCD)	張希貴編著	300 元
129. 陰陽相濟太極勁法的科學與應用(附 DVD)	林冠澄主編	600 元

130. 陳式太極拳修煉精要	崔廣博著	200 元
131. 楊式太極真功	孫以昭著	330 元
132. 太極揉手解密	祝大彤著	300 元
133. 陳式太極拳內功心法(附 DVD)	王永其著	420 元
134. 太極輕靈鬆空功(附 DVD)	王方莘著	200 元
135. 二十八式簡化陳式太極拳圖解	竇漢東編著	200 元
136. 崔毅士真傳 楊派太極十三式(附 VCD)	張勇濤編著	300 元
137. 陳式太極拳精蘊	張茂珍著	300 元
138. 楊式太極拳技擊	楊慎華著	200 元
139. 戴氏心意六合拳(附 VCD)	陳振家著	480 元
140. 王薌齋的大成拳(附 VCD)	何鏡平著	350 元
141. 大成拳站樁與道德經	于永年著	420 元
142. 東岳太極拳(附 DVD)	門惠豐著	450 元
143. 岳氏八翻手(附 VCD)	劉篤義著	300 元
144. 侯氏太極拳(附 VCD)	艾光明著	350 元
145. 太極破腿百法	孫國璽著	250 元
146. 神遊太極(附 DVD)	莊茂山著	350 元
147. 太極盤根功法	徐毓茹編著	230 元
148. 陰把槍(附 VCD)	吳秉孝著	350 元
149. 太極拳初學入門(附 DVD)	鄭勤編著	300 元
150. 八翻手用法解析(附 DVD)	劉篤義著	400 元
151. 普及太極拳	劉南亮著	220 元
152. 自然太極拳二十九式(附 DVD)	祝大彤著	300 元
153. 神遊太極 第二輯	莊茂山著	350 元
154. 侯氏太極拳用法解析	張星東等著	380 元
155. 萬籟聲技擊教範	萬籟聲著	230 元
156. 書法太極拳(附 DVD)	范紫陽著	330 元
157. 太極拳散手闡微(附 DVD)	劉篤義主編	400 元

・彩色圖解太極武術・大展編號 102

1. 太極功夫扇	李德印編著	220 元
2. 武當太極劍	李德印編著	220 元
3. 楊式太極劍	李德印編著	220 元
4. 楊式太極刀	王志遠著	220 元
5. 二十四式太極拳(楊式)＋VCD	李德印編著	350 元
6. 三十二式太極劍(楊式)＋VCD	李德印編著	350 元
7. 四十二式太極劍＋VCD	李德印編著	350 元
8. 四十二式太極拳＋VCD	李德印編著	350 元
9. 16 式太極拳 18 式太極劍＋VCD	崔仲三著	350 元
10. 楊氏 28 式太極拳＋VCD	趙幼斌著	350 元
11. 楊式太極拳 40 式＋VCD	宗維潔編著	350 元
12. 陳式太極拳 56 式＋VCD	黃康輝等著	350 元
13. 吳式太極拳 45 式＋VCD	宗維潔編著	350 元

歡迎至本公司購買書籍

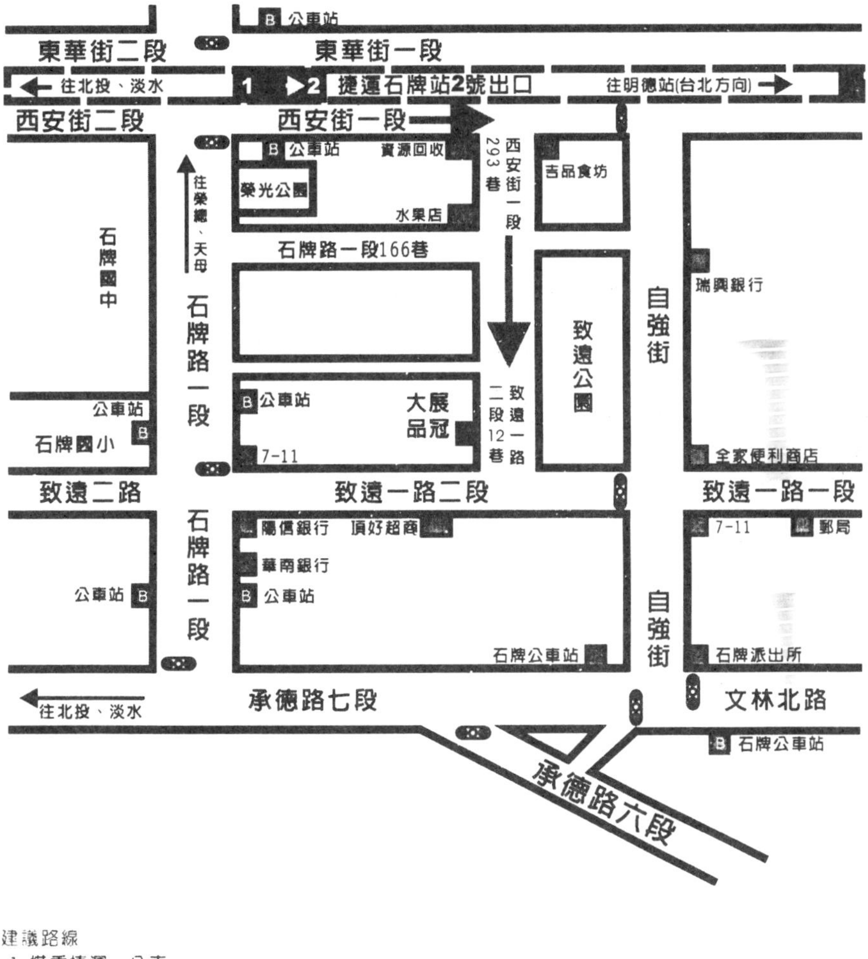

建議路線

1.搭乘捷運．公車

淡水線石牌站下車，由石牌捷運站２號出口出站(出站後靠右邊)，沿著捷運高架往台北方向走(往明德站方向)，其街名為西安街，約走100公尺(勿超過紅綠燈)，由西安街一段293巷進來(巷口有一公車站牌，站名為自強街口)，本公司位於致遠公園對面。搭公車者請於石牌站(石牌派出所)下車，走進自強街，遇致遠路口左轉，右手邊第一條巷子即為本社位置。

2.自行開車或騎車

由承德路接石牌路，看到陽信銀行右轉，此條即為致遠一路二段，在遇到自強街(紅綠燈)前的巷子(致遠公園)左轉，即可看到本公司招牌。

國家圖書館出版品預行編目資料

金剛經的生活智慧／劉欣如 編著
－初版－臺北市，大展，1997〔民 86.2〕
面；21 公分－(心靈雅集；56)
ISBN 978-957-557-676-9（平裝）
1.般若部
221.44　　　　　　　　86000779

金剛經的生活智慧

編 著 者／劉 欣 如
發 行 人／蔡 森 明
出 版 者／大展出版社有限公司
社　　址／台北市北投區（石牌）致遠一路 2 段 12 巷 1 號
電　　話／(02) 28236031・28236033・28233123
傳　　真／(02) 28272069
郵政劃撥／01669551
網　　址／www.dah-jaan.com.tw
E-mail／service@dah-jaan.com.tw
登 記 證／局版臺業字第 2171 號
承 印 者／傳興印刷有限公司
裝　　訂／眾友企業公司
排 版 者／弘益電腦排版有限公司
初版1刷／1997 年（民 86 年） 2 月
初版2刷／2016 年（民105 年） 9 月
定價／200 元

大展好書　好書大展
品嘗好書　冠群可期

大展好書　好書大展
品嘗好書　冠群可期